自分を大きく咲かせる「ブッダ」の言葉

南泉和尚

三笠書房

はじめに

心がのびのび解き放たれた！「ブッダ」の教えで本当の自分が目覚め、大輪の花が咲きました

長い人生、いろいろなことが起こります。

楽しく心地よいこともあれば、思いがけない出来事に打ちのめされ、立ち直れないほど落ち込むこともあるでしょう。

先行きが不安定で心配事が多い今だからこそ、イキイキと生きるために、ブッダの教えに助けを求めてほしいのです。

ブッダは二五〇〇年以上前に生きたお方であり、今もなおその教えは世界に

広まり続け、人々に、希望や幸せ、生きる力を与えています。

多くのノーベル賞受賞者や名経営者、トップアスリートや芸術家など、古今東西、あらゆる分野の人が、ブッダの教えから素晴らしいヒントを得て、苦難を乗り越え、活躍し、輝きを放ちました。

なぜ皆、ブッダの言葉に魅せられるのでしょう?

それは、その教えが、非常に実践的で、現実的だからです。

何度も同じ問題につまずき、迷うことがないよう、〝すべての人がステップアップできる生き方〟を明かした解決策だからです。

私は、七八〇年続く、日本百観音秩父《ちちぶ》札所十三番慈眼寺《じげんじ》というお寺の住職です。講話会などを通じて、日々、多くの方からいろいろな相談を受けます。

皆さんの悩みに、ブッダならどう答えたかと頭を巡らせ、その答えをお伝えし、大喜びされるたびに、ブッダの教えは本当に人類の宝だと実感します。

「つまらなかった人生に、生きがいと張り合いができました！」
「悩みがスッキリ解決して、気持ちも体も軽くなった感じです」
「人間関係がすごくうまくいくようになり、夢を持てるようになりました！」

ブッダは、やさしい言葉と、面白いたとえ話をよく用いました。

本書は、どこから読んでも、気づきや智慧《ちえ》がもたらされるようになっています。繰り返し読めば、自分の成長に合わせて、また新たな気づきがもたらされるでしょう。

ブッダの言葉を頼りに、問題を乗り越え、気づきを得るほどに、あなたは強くなり、幸せになり、自分という花を、どんどん大きく満開に咲かせることができます。

本書が、あなたの不安や迷い、怒りを晴れやかにし、未来の夢へと近づく手助けになることを願っています。

もくじ

2章

心地よく、人と付き合う
～「いい人」をやめて、自分を大切にすることが大事

3章 夢、希望、才能を見つけ、自分らしく輝く

～やりたいことが、思いっきりできた!

4章

ブッダの教えは、お金持ちへの道でもあった

～どんどん豊かに、みるみる幸せに！

5章

たいくつな日々が、生きがい&ときめきで満ちた！

～笑顔こぼれる充実生活のコツ

6章

家族、夫婦、大切な人と、一生仲よくいるコツ

～誰にでも、いろいろあります

7章

大きな笑顔が咲きました!
~人生なんてカンタンに変わる

8章 賢く、幸せになりなさい

～「死」を意識するから、強く、太く生きられる

編集協力 塩尻朋子

＊ブッダは、時代や国、宗派により、「釈尊《しゃくそん》」「お釈迦《しゃか》様」「仏様《ほとけ》」「ゴータマ・シッダールタ」などと、様々に呼ばれていますが、すべて同一人物のことです。本書では、「ブッダ」に統一させていただきました。

1章

もうクヨクヨ悩まない。気にしない

～迷いの林から抜け出たら、明るく前向きな自分に変わった！

「そもそも、ブッダの教えで、なぜ悩みが消えるのですか？」

インドのマガダ国を治めていた王がいました。

国王夫妻は、結婚後、なかなか子どもに恵まれず、何年も経《た》ってようやく男の子を授《さず》かりました。

ところがこの男の子は、親を親とも思わず、暴力をふるう乱暴者に育ってしまったため、国王夫妻はひどく困り、ブッダに助けを乞《こ》いました。

その説法のための座を設けてブッダを招き入れたとき、ブッダがおっしゃった言葉がこれです。

「人は皆、苦を憂《うれ》い、幸せを求めています。

たとえ、大きなお金を得て財を築いた人でも、また、身分の高い王や貴族で

も同じです。常に苦しみ、悩んでいるのです。

なぜでしょうか？

それは、苦しみの原因を、正しく知らないからです。

たとえ金や名誉を得たとしても、苦しみはなくなりません。

財がなければないで苦しみ、あればあったで苦しむのです。

子どものないときは、ないことで苦しみ、子どもを欲しがります。

そしていざ、子どもを授かると、その子のために苦しみます。

では、苦しみの原因は、どこにあるのでしょうか？

それは、己の暗い心にあるのです。

それを無明《むみょう》といいます。

病に苦しみ、高い熱に浮かされている者は、どんなご馳走《ちそう》を与えても味わうことができません。

そのように、心が無明の暗闇に覆《おお》われてしまった人も、どんな幸福も味わうことができないのです。

心の闇を晴らすには、光を当てること。光とは智慧の光です。私の教えによって、たちまちに苦悩は姿を消すでしょう。私の教えに耳を傾けなさい」


とても、自信と確信に満ちた言葉ですね。

私たちは、生まれてから死ぬまで、生まれた境遇や育つ環境も、仕事も人間関係も、十人十色の様々な条件の中で暮らしており、皆、それぞれの苦悩を抱えています。

欲しいものを手に入れても、入れなくても、人生の苦悩は変わらないのです。

豊かになっても悩むなら、どうすればいいのか？

ではどうしたら、この世で本当の幸福を手にできるのか？

それには、ブッダがおっしゃるように、〝苦悩の根源〟をあきらかにして、ブッダの教えにしたがって、それをとり除くしかないのでしょう。

ブッダの教えは、「どんな条件下にあっても幸せになれる」方法です。

二五〇〇年も前に説かれた教えが今も世界中でこうして生きているのは、やはりそこに真理があるからです。

本書で、本当の幸せ、そして、すべての人が幸せになることができる道を学び、教えにしたがって生きていきましょう。

ブッダの教えは、
すべての人が幸せになるための方法を述べたものです。

お金も地位も捨ててたどり着いた「すべての人が、あらゆる悩みを解決できる方法」

「ブッダ」というのは、サンスクリット語で最高位の「悟りを開いた人、目覚めた人」という意味の敬称です。

ブッダは、日本では「お釈迦様」と呼ばれて慕われていますが、これはブッダが釈迦族という一族の生まれだったからです。

釈迦族の王子として生まれたブッダは、本名をゴータマ・シッダールタといい、富にも名誉にも、健康にも恵まれて育ちました。

ところが、当時のインドはバラモン教が全盛の時代。

世の中は、身分も仕事もすべて、バラモン教の法で定められており、人々の

運命は、自分たちではどうにもできませんでした。

苦悩した末にブッダが選んだ道

「このままでは、民を幸せにすることはできない」

悩んだブッダは、どうすればすべての人が幸せになれるのか、その道を見つけるために、すべてを捨てて出家を決意します。

そして、高名な師匠についたり、猛獣や悪人がすむ森に一人分け入って坐禅《ざぜん》を組んだり一日の食事を胡麻《ごま》と麦一粒だけに制限したり、あらゆる厳しい修行をしてみましたがどれも効果はなく、いっこうに悟ることができずにいました。

激し過ぎる苦行のために、ついに死の寸前までいったブッダは、とにかくこれまでの方法ではダメだと、今までの苦行をすべて捨てる決意をします。

そして息も絶え絶えに川に入って身を清め、道に倒れていたところ、見知らぬ一人の女性が慈悲の心で、一杯の乳粥《ちちがゆ》を施してくれました。

ブッダはそのお陰で体力を回復しました。そして静かに菩提樹《ぼだいじゅ》の下に坐《すわ》り、目覚め、悟りを開いたのです。

この世での身分も、金持ちかどうかも老若男女も関係なく、すべての人が心の安寧《あんねい》を手にできる道にたどり着いたのです。

その後ブッダは、日常の小さな悩みから人生の目的といった大きなことまで、次々に解決していったので、あれよあれよという間にブッダにつきしたがう者が増えていきました。

こうして、二五〇〇年もの間、ブッダの教えは受け継がれ、世界中に広まり、人々の人生を明るく照らし続けてきました。

この教えを知っておけば、得する、転ばぬ先の杖《つえ》。

やってみれば、答えは自《おの》ずとわかります。

ブッダの教えは、真理の教え。安心して学べばいいのです。

ブッダから、悩めるあなたへ。心強いメッセージ

ブッダは、すべての生きとし生けるものは、子どもも大人も、たとえ罪を犯した者でも、生まれながらにして仏性《ぶっしょう》を備えており、仏になれる可能性があるとおっしゃっています。

もちろん、あなたにも。

「一切衆生《いっさいしゅじょう》　悉有仏性《しつうぶっしょう》」とは、それを表す言葉です。

そしてこの仏性が、失われることはないとブッダは説いています。

「たとえ畜生《ちくしょう》に生まれ、餓鬼《がき》となって苦しみ、地獄に落ちても、この仏性は尽きることはないのです。汚れた体の中にも、汚れた煩悩《ぼんのう》の底にも、仏性は、その光を包み覆われているのです」

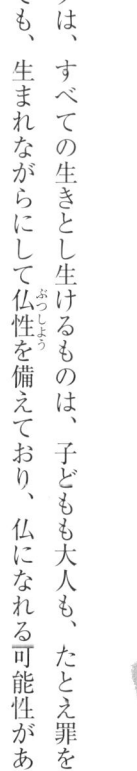

しかしブッダは、こうもおっしゃっています。

「仏性はあっても、修《おさ》めなければ現れることはない。現れなければ、道を成し遂げたのではありません（いくら命あるものすべてが仏になれるといっても、何もせずに仏として目覚めるわけではありません）」

目覚めるには、この三つを知る必要がある

悟りを開くには、**「戒定慧《かいじょうえ》」**と呼ばれる、三学を学ぶ必要があります。

三学とは、悪を止めて善いことをする「戒」と、心の平静を得る「定」と、真実を悟る「慧」のことです。

すなわち、守らなければならない「**戒**」にしたがって善行をする。

欲から離れて心を安**定**させる。

そして、悟りを得ることは「苦」をなくすことだという真理の智**慧**を知るこ

とです。

生まれながらにして誰にでも仏性が備わっているのですが、もったいないことに、それに気づいて、自分の中にある仏性を育ててやる人が少ないのです。

悟りを開くには、それまでに信じていた宗教も、国も時代も、一切関係ありません。

ブッダの教えを拠《よ》り所《どころ》とし、それに沿った生き方をしていくだけでいいのです。苦難が訪れ悩むことがあっても、本書で紹介するブッダの教えを全うすれば、それを乗り越えて、仏性が少しずつ目覚めていきます。

この世に生きるものにはすべて、仏性が備わっています。
それを目覚めさせることができるかが勝負。

〝この世の仕組み〟を知れば、面白いほど人生がうまくいく

この世のすべては、天気はもちろん、人の気持ちや、世の中の景気……、どれをとっても、自分の思いのままにならないもの。

ブッダは、これを**「一切行苦《いっさいぎょうく》である（すべてのものは〝苦〟である）」**とおっしゃいました。

ここでいう「苦」とは、「思いどおりにならない」という意味です。

ですから、一切行苦とは、**「そもそもこの世のことは、自分の望むとおりには動かないのが当たり前なのです。そのどうにもならないことに対してイライラしても、仕方ありませんよ」**という意味です。

それなのに、すべてを思いどおりにしたいと執着するから、苦しみが生まれ

るというわけです。

まず、〝この世は、すべてが思いどおりにいかないもの〟だということと、

それは、誰にとっても同じだと知ること。

それだけで、「そうか、自分だけじゃないのか！」と、心の重荷が半減しませんか？

願いを叶《かな》えて幸せになる方法も、示されている

また、ブッダは、思いどおりにならないこの世でも、うまく〝願いを叶えて幸せに生きる方法〟をも示してくださっています。

その方法とは？　簡単にわかりやすく説明すると、こういうことです。

この世のすべての現象は、「因《いん》」や「縁《えん》」から生じている。そして、その法則から外れるものはあり得ない。

「因」とは、何かが起こったり、滅亡したりする直接の原因のこと。

「縁」とは、「因」と「因」を結びつけて、結果を生じさせるもののこと。

つまり、あなたに起こることを変えたければ、それを生じさせている「因」や「縁」を変えればよい。

そして、**「因」や「縁」となるものこそが、あなた自身の「思い」や「見方」や「振る舞い」**なのです。


先ほど学んだように、「この世は一切行苦」であるため、他人の考えや行動などの〝外の世界〟を思いどおりに変えることはできません。

でも、あなたの中の〝内の世界〟つまり、因や縁となる「思い」「見方」「振る舞い」だけは、いくらでも変えることができるのです。

自分から「変な因縁《いんねん》」をつけないこと

もしも誰かに怒鳴られるのが嫌なら、自分が相手を怒らせるようなことをしないようにする。あるいは、褒《ほ》められるにはどうしたらいいかを考え、行動する。

また、相手のいいところを探そうと「見方」を変えてみる。見方が変われば、自然とあなたの相手への接し方も変わり、当然、相手の態度も変わってきます。

人に変な因縁をつければ、あなたに因縁が返ってくる。

あなたの思いと言動が、日々、因や縁をつくっています。

因を変えれば、今がどんな状況にあろうと、この先どんな難題が押し寄せてこようと、幸せに生きることができるのです。

では、今後、因となる「思い」「見方」「振る舞い」をどう変えていったらいいのか？　次項にヒントがあります。ぜひ、参考にしてみてください。

「因」と「縁」である自分の言動を変えれば、幸せに生きられます。

小さいことは気にしない！「不安」「怒り」「人からどう思われるか」……

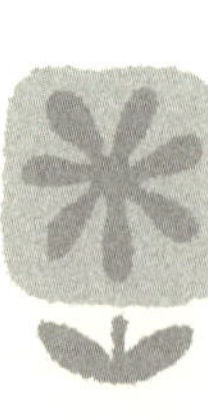

「こんなことを言ったら、非常識だと思われるのでは？」

「上司の機嫌を損ねないよう、嫌われないように振る舞うことで精いっぱい」

「体が弱くて、会社を休まざるを得ない。こんな自分を、同僚は迷惑に思っているに違いない」

「こんな企画を提案したら、評価が下がるかも……」

「まわりにどう思われているか」が気になって仕方ないというのは、〝意識が「外」に向いている状態〟です。

意識が外に向いている間は、悩みが尽きなくて苦しむものです。

そこで、前項のブッダの教えの出番です。

意識を自分の内側に向けてみましょう。

自分は、「どう考え、どういう見方をして、どう行動」したか？

他人に聞くのではなく、自分自身に問いかけてみるのです。

こう問えば、必要な答えが得られる

「体が弱いなりに、日々節制する努力をして頑張っているか？」

「仕事に費やせる時間が少ない分、仕事の質を高める工夫をしているか？」

「不平不満を抱きながら、イヤイヤやっていなかったか？」

「その商品を手にする人の幸せを願って、誠意を持ってやったか？」

こうしたことを自問してみて、堂々と「はい」と言えるなら、精いっぱいやるべきことをやっているのですから、他人にどう思われるかなど気にする必要はありません。

もし、もっと改善するべきことや、やるべきことがあれば、自分でそれがわかるはずです。そうなれば、ひたすらそれをやっていくだけ。

こうして常に自分の内側に集中するようにしていれば、他人にどう思われているかとか不安などは、気にならなくなります。

それと同時に、必ず外の世界も変わっていきます。人生が開けていきます。

「他人」ではなく、「自分」に意識を向け、自分を変えていくこと。

そうすれば、この世でも幸せになり、願いを叶え、不必要に気に病むこともなくなっていくのです。

目線は、「外（他人の言動、評価）」ではなく、「内（自分の言動、良心）」に向ける。

「自分に、生きる価値はありますか？ こんな私でも生きていいのですか？」

ブッダはお生まれになると、すっくと立ち上がり、**「天上天下《てんじょうてんげ》唯我《ゆいが》独尊《どくそん》」**とおっしゃったと伝えられています。

これは、〝ブッダは、このことを世に知らしめるために歩まれてきた〟と、のちに言われるようになったほど、非常に大切な教えです。

これは、**「私たち一人ひとりが、この世の中で一番、尊い存在だ」**という意味です。自分とは、過去にも現在にも未来にも、たった一人しかいない、かけがえのない尊い存在なのです。

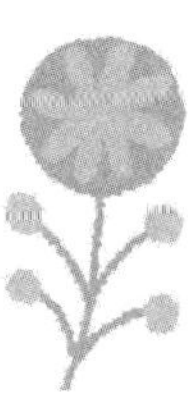

私たちは、つい自分の財産、地位、学歴、健康などを、他人のそれと比べ、優劣をつけてしまいます。

でも、人間の存在価値は、これらとは一切関係ありません。

親指だから必要、薬指だから不要だということはないのです。どちらも手の大切な一部であるのと同様に、体が弱い人も健康な人も皆、尊いのです。

それぞれが、それぞれの役割を果たして生きています。

この世に命を受けられる確率

あるとき、砂浜を歩いていたブッダは、ふと立ち止まり、その爪の上に砂浜の砂をのせて、弟子《でし》のアーナンダにたずねました。

「浜の砂と爪の上の砂と、どちらが多いか?」

「ブッダ、それは、圧倒的に爪の上の砂のほうが少ないでしょう」

「そのとおり。そして、人間として生まれ出ることは、この爪の上の砂粒よりも確率が低い、尊いことなのです」

はるか遠くまで続く広い砂浜の砂の中から、ブッダが拾って爪にのせた砂粒は、何億分の一、何十億分の一……いえ、もっと低い確率で救い上げられたかもしれません。およそ考えられないような、少ない確率で選ばれたものです。人として生まれることは、これよりも、はるかにまれで尊いというのです。

もう一度言う。こんなにあり得ないことよりもすごい

そしてまたブッダは、こうもおっしゃいました。

「たとえば、大海の底に一匹の目が見えない亀がいて、一〇〇年に一度、海上に浮かび上がるとしよう。

その海に、真ん中に穴の開いた流木が一本浮いていたら、この日が見えない亀が浮かび上がったときに、その流木の穴へ頭を突っ込むことがあるだろうか？」

弟子が「そんなことは、あり得ません！」と答えると、ブッダはこう続けました。

「たしかに。誰もが、とうていあり得ない確率だと思うでしょう。しかし、人間として生まれてきたのは、そのあり得ないような確率よりも、さらにまれな確率なのだよ。

そして人間として生まれたのは、人間でなければ成し遂げられない、大事な役目があるからです」

ただ存在しているだけで尊く貴重であり、世の中のため、誰かのためになっている――そう理解することの大切さを教えるのが、「天上天下唯我独尊」なのです。

私たちは、人として生まれただけで、すでに尊い価値があります。

「自分の判断に自信が持てません。いつも、これでいいのかと悩みます。間違いのない答えを見つけるには？」

ブッダの死が間近に迫ったときのことです。

ブッダに二十五年間仕えていた弟子のアーナンダは、ブッダの存在を人生の拠り所としていました。

ですから、ブッダが亡くなったあとのことを思うと、不安でたまりませんでした。

そして失うものの大きさに、途方に暮れてたずねました。

「私はこれから、いったい何を頼りに生きていけばいいのでしょう……」

他者ではなく「良心」を信じて動けば、間違いない

打ちひしがれるアーナンダに、ブッダはおっしゃいました。

「自らを拠り所とし、灯火としなさい」

これがあの有名な**「自灯明《じとうみょう》」**の教えです。

自分の「内側」にある軸《じく》、つまり良心を信頼しなさいということ。

人は生まれながらにして、教えられなくても、善悪はわかっているもの。

だから自分を信じて、大丈夫なのです。

他人の言葉や、他人にどう思われるかに影響されることなく、自分自身の良心を信じること。

そして、その自分の信じた道を進みなさいという言葉を遺《のこ》したのです。

そしてこの世の原理や法則に、したがうこと

またブッダは、**「法を拠り所とし、灯火としなさい」**という、**「法灯明」**の教

えもアーナンダに授けました。

「法」とは、これまでに**ブッダが授けた数々の、この世の法則や原理原則のこと**です。

やはり、どんな物事にも上達のコツや成長の法則はあります。もちろん、悟りを得て幸せになるにも、道があります。

それを学んで知っておくこと、そしてそれにしたがうことが、よりよく生きる一番の近道なのです。

「自灯明」「法灯明」という二つの教えを心に刻んだアーナンダは、ブッダが亡きあとを一人で生きていく不安から解放されました。

あなたも、自分の良心にしたがって行動し、本書で語り明かしていくブッダの教えを守って暮らしていけば、怖いものはありません。

他人の言動ではなく、自分の良心にもとづいて判断する。

「つい、ネガティブに考えてしまうクセを直すには？」

ブッダには、ソーナという、琴をとても上手に弾く弟子がいました。

ソーナはとても修行熱心で、早く悟りを開きたいと、くる日もくる日も厳しい修行で体を痛めつけ、ときには血を流すことさえありました。

見かねたブッダは、ソーナを呼びつけ、こうたずねました。

「ソーナよ。もし琴の弦《げん》を強く張り過ぎたなら、どんな音が鳴るだろう？　いい音が鳴るだろうか？」

「いいえ。強く弦を張り過ぎれば、いい音色は出ません」

「では、ソーナよ。琴の弦がゆる過ぎたなら、どんな音がするだろう？　いい音が鳴るだろうか？」

「いいえ、ゆる過ぎる弦も、いい音が鳴りません」

「では、張り過ぎず、ゆる過ぎず、ちょうどいい具合に弦を張った琴は、いい音色を出すだろうか？」

「はいブッダ。張り過ぎず、ゆる過ぎず、ちょうどいい具合に弦を張った琴は、いい音がします」

するとブッダは、おっしゃったのです。

「修行も、また同じ。厳し過ぎず、ゆる過ぎず、偏りのないようにすることが、心の安定につながる」と。


ブッダは、**何事も、極端に偏らない「中道《ちゅうどう》」が大事だ**と説きました。

これは考え方にも当てはまることです。物事をプラスに考えるのはいいことですが、何でもかんでもポジティブにとらえるのは、精神的に不健康です。

また、「自分は、いつもネガティブに考えてしまう」という人でも、本当にすべてのことをネガティブに考えていたら、生きる意義も力も失ってしまっているはずです。

必ずどこかで、肯定的に考えていることがあるから、生きている。

ですから「また、ネガティブに考えてしまった……」などと自分を責めることは不要なのです。

落ち込んだら、こう考えよ。サイのごとく、まっしぐらに突き進め

ブッダの言葉を記した最古の仏典の一つ、『スッタニパータ』には、「サイのように、一人、前に突き進め」という言葉が繰り返し出てきます。

サイは群れをつくらず、単独で暮らす動物です。

その生き様は、自分自身と真剣に向き合って修行する僧にとって、理想の姿とされました。ですから、「心が揺れることがあっても、それにとらわれず、サイのように淡々と進んでいきなさい」と教えています。

もしも、後ろ向きの考えが浮かんで憂鬱《ゆううつ》になったなら、ひとまず、「ああ、今、自分は後ろ向きに考えている」と、自分の感情を受け止めてください。

そのうえで、今やるべき目の前のこと、たとえば、歯磨きなら歯の一本一本を磨くことに集中し、食事なら食材を味わうことに集中する。

これで自然とネガティブな感情から離れることができます。


さて、ブッダは、**「もろもろの事象は、やがて過ぎ去るものである。怠ることなく修行を完成させなさい」**ともおっしゃいました。

これは、「あらゆることは移り変わる。始まったことは必ず終わる。だから、それに気をとられずに、愚直に前に進みなさい」という教えです。

私は、この教えをこういう意味でも受け止めています。

「たとえ、ネガティブな気持ちになって落ち込むことがあってもいい。気持ちはそのままでいいから、前に進め」と。

今、何を感じていようといいのです。とにかく前に進み続けていれば、辛《つら》い状況にも、ネガティブな状況にも、必ず終わりがきます。

禅的「心配事を吹き飛ばす法」

どうしても、あれこれとマイナスに考えてしまうときは、体を動かすことをお勧めします。

仏教から派生した禅宗は、**「歩く」「働く」「食べる」といった日常生活の行動すべてが修行**だとしています。雑巾《ぞうきん》がけや炊事、洗濯も、全身全霊を傾けて行なう大事な修行の一つなのです。

ですから、どうしても心がネガティブになってしまうときは、部屋の片付けやウォーキングなど体を動かすことに、一心不乱にとり組んでみてください。すぐにモヤモヤが吹き飛んで、爽快な気分に変わるはずです。

ネガティブが「悪い」わけではない。「中道」であることが大事。

2章

心地よく、人と付き合う

～「いい人」をやめて、自分を大切にすることが大事

人前でも、あがらず、うまく話すコツ

「日本一長い朝礼」で有名な、沖縄教育出版という会社があります。

この会社は、障がい者を多く雇用していることでも知られています。

朝礼では、ストレッチ体操や売り上げ報告のほか、社員の話し方のトレーニングの一環として、毎日順番にスピーチをしていくそうです。

そしてそのスピーチに、なんと一～三時間もかけるというのです。

なぜ、そんなに時間をかけるのか？　それは、知的障がい者や人前で話すのが苦手な社員が、言いたいことを言い終えるまで、皆で見守るからです。

たとえば、ある人の番になったときも、一生懸命、話そうとするのですが、なかなか言葉が出てきません。

「僕は……」と言っては口ごもり、ようやく「今度……」と言うと、またしばらく黙ってしまいます。

それでもまわりの社員全員が、騒がず、じっとあたたかく見守っています。

そして、二〇分も経った頃。

ついに、「今度の…お給料で……、お母さんのためにマフラーを買います」と言い終えたとたん、いっせいに大きな拍手が起こったそうです。

結婚式でも、新郎新婦がご両親に感極まったふるえる声で、たった一言、「ありがとう」と言うだけで、参列者たちにも深い感動が伝わり、涙がにじむことがあります。

強く「伝えたい」と思っていることであれば、言葉を巧みに操らなくても、伝わるのです。ですから、無理に「うまく話さなければ」などと考えないこと。**たとえ下手でも、自分らしく本当に伝えたいことを話せばいいのです。**伝える内容よりも、どう思われるかに意識がいってしまうから、あがるし、うまく伝わらないのです。


あるとき、ブッダは、たくさんの弟子を自分のまわりに呼び寄せました。

ところが、何も語らず、ただ一輪の花を持ってずっと立っています。

弟子たちは皆、戸惑いました。

そんな中、ただ一人、摩訶迦葉尊者《まかかしょうそんじゃ》（のちに十大弟子となったマハーカッサパ）だけは、にっこりと微笑《ほほえ》みました。

すると、ブッダも、微笑んで応えてくださったのです。

そしてブッダは、**〝言葉にしなくても伝わることがある。言葉以上に心が大事〟**と理解した、摩訶迦葉尊者に、この世の真理を教えたといわれます。

この出来事は「拈華微笑《ねんげみしょう》」といい、言葉を超えたコミュニケーションもあるという教えになっています。

うまく話すことより、「これを伝えたい」という思いが大事。

「もしかして、嫌われている？」と不安になったら

莫妄想《まくもうぞう》、すなわち、**「妄想することなかれ」**という教えがあります。

現代では「妄想」というと、あり得ないことをあれこれ考えるという意味ですが、仏教で「妄想」というときは、**心を曇らせたり縛りつけたりする思いのすべて**を指します。

「あんなこと、しなければよかった」という後悔や、「この先どうなるのだろう」という不安の念、「あれが欲しい」という欲望、「手放したくない」という執着心、自責の念、嫉妬心、邪推、現実逃避……。

これらすべてが「妄想」です。

私たちは、他人のちょっとした言動で妄想を抱いてしまうことがあります。

たとえば、友人と電話で話しているときに、「忙しいからもう切るね」と言われて、「嫌われているかも」と思ってしまう。「あの人は褒められて、自分は褒められなかった」から、「自分は上司に嫌われている」と思ってしまう。

友人はただ、電車が発車する間際で飛び乗らなければならない状況だっただけかもしれません。上司は、あなたの知らない情報を先に得ていたために、あなたの意見を否定したのかもしれません。

ブッダは、こうおっしゃっています。

「まだこない未来にあこがれてとり越し苦労をし、過ぎ去った日の影を追って悔いていれば、刈りとられた葦《よし》のように、身も心も痩《や》せしぼんでしまう。過ぎ去った日のことは悔いず、まだこない未来にはあこがれず、とり越し苦労をしないで、現在を大切に踏みしめていけば、身も心も健やかになる」

過去の他人の言動にはこだわらないこと。

そして、今この瞬間と、ここという場所で自分がやることに集中すれば、妄想に惑わされることもなくなり、心も体も健やかでいられます。

苦手な人との関係も、これを試せばうまく変わる

もし、どうしても「苦手だ」とか「嫌われているようだ」と思う人がいるなら、一つやってみてほしいことがあります。

それは、**その相手の長所を、一〇〇個紙に書き出す**というものです。

普通は、苦手な相手であっても、一〇個くらいはすぐに書き出せるものです。

でも、長所を一〇〇個ともなると、あなた自身の「嫌だな」と思う気持ちを捨てさって、**真剣に相手のよいところを見つけよう**と思わないと、出てきません。

たとえば資料のデータについて細かく注意されたけれど、お陰できちんとつくれるようになった。

クレームをつけてきた顧客のところに一人で謝罪にいかされたけど、誠意を

持って対応する大切さ、責任の重さを身をもって学べた……。

こうして一〇〇個もの長所をひねり出すうちに、あなたの視点が、「どれだけ嫌な思いをしたか」ではなく、「これだけのことをしてくれた」というプラスに注目できるように変わります。

仏教では、自分が受けている恵みに気づくことを「知恩《ちおん》」といい、それに感謝することを大切にしています。

いったん相手に感謝の気持ちを持てば、あなたの態度にも、自然と感謝の気持ちが込もるようになります。

そうしてあなたの態度が変化すれば、相手の態度も変わっていくのです。

「妄想」をやめて、苦手な人のいいところを一〇〇個見つける。

「付き合う友を選びなさい。それが運命を分けます」

あるとき、ブッダの側《そば》で長年仕えていた弟子のアーナンダは、「よい友を持ち、よい仲間といたならば、悟りへの道の半分は達成したも同然ではないか？」と考え、ブッダに質問してみました。すると、ブッダはおっしゃいました。

「アーナンダよ、半分どころではありません。よい友がいることがすべてなのです」

アーナンダは、「半分でも言い過ぎではないか」と思っていたので、驚きました。ブッダは続けました。

「アーナンダよ、よく考えればわかるはずです。なぜなら、人々が私を〝よい

友〟とするなら、年を重ねても老いることを恐れず、病気になっても病を恐れず、そして、死からも自由になれるのだから」

悟りの道に近づき、人生をうまくいかせたいのなら、付き合う人を選ぶべきなのです。

しかし、「よき友を選べ」という教えは、決して、あなたの人生が他人まかせで流されてしまうものだということではありません。

なぜなら、**「どういう人とかかわるかを決めるのは、あなた自身」**だからです。

自分で選んだ友という「因」から、どういう生涯を送るかという「縁」が起こるのです。

親友にするなら、こんな人

ブッダは、「真の友は人生の宝」として、「友人として付き合うならこんな人」という要素を、『六法礼経《ろっぽうらいきょう》』でまとめています。

ブッダが勧める本当の友とは、**「たとえ相手がどんな状態でも関係を保ち続け、常に相手によかれ、と思うことができる間柄」**です。

相手の環境が変わっても、友人関係を解消することなく、本当にその人のためになることをするのは、なかなか難しいことかもしれません。

もし、友人の環境が次のように変わってしまったとしても、こんなことができれば、真の友といえるでしょう。

たとえば友人が恋人に夢中になり、会う機会が減って寂しいと感じるようになった……。

それでも、たまに会えるときを楽しみ、相手の幸せを応援する。

また、たとえば友人がやむを得ない理由で仕事を失い、「生活費を貸してほしい」と言ってきた……。

そんな場合はどうしても必要な金額だけ貸して（もしくは、戻ってこないのを覚悟で無理のない範囲の金額のお金をあげて）、仕事を紹介してあげるなど。

距離をおくべきは、こんな人

逆に、ブッダが「付き合ってはいけない」としているのは、こんな人です。

- **陰口を叩《たた》く人**…おべっかやお世辞ばかり言い、陰にまわると悪口をいう人。
- **自分のことしか考えない人**…都合のいいときばかり連絡してきて、友人が困っているときは逃げる身勝手な人。
- **道楽や放蕩《ほうとう》するだけの仲間**…怠惰な生活や悪い遊びに誘い、一緒にいると身の破滅を招きかねない人。

人徳のある人は、こうした点をしっかり見ています。
自分も相手にとって「よき友」になれるよう心がけておきましょう。

常に「相手によかれ」と思うことができる人を、友とする。

「ウソや乱暴な言葉は、これほど魂を汚します」

ある国の国王の孫として生まれたラウンという男が、縁あってブッダの弟子となり、修行をすることになりました。

しかし、ラウンは言葉が乱暴で、ときどきウソもつきました。

そこでブッダは、ラウンをある寺院に送り込み、九〇日間、口を慎む修行をしてくるよう命じました。

ラウンが寺で修行していると、ブッダがラウンを訪ねてきて、「ラウンよ。たらいに水を汲《く》んできてくれないか？　そして、足を洗っておくれ」と頼みました。

ラウンが、たらいに汲んできた水でブッダの足を洗っていると、ブッダは、ラウンに問いました。

「ラウンよ。今、私の足を洗った、たらいの水を飲むことはできますか」

「いいえ、ブッダ。足を洗う前はきれいでしたが、今は、汚れていますから飲むことはできません」

ラウンが答えるとブッダは、こう諭されたのです。

「そのとおりです。ラウンよ、お前は、こうして国王の孫でありながら出家しました。しかしながら、言葉が荒く、口を慎むことができなかった。そのために、この水のように煩悩の垢《あか》がたまってしまい、飲めない状態になってしまった。

ウソや荒い言葉は、それほどあなたの魂を汚します。そうした言葉は、厳しく慎まなければならないのですよ」

のちに65ページでも説明するように、ウソをつくことは盗みや殺生《せっしょう》と同じくらい罪深いものとしています。そしてブッダは、ウソをつかないことに加え、常に言葉を大切にし、荒々しくない正しい言葉を使いなさいと説されました。

では、どうしたら、常に正しい言葉を選べるようになるのでしょう？

常に、よい言葉を発する秘訣《ひけつ》

あるときブッダは、弟子のアーナンダにこう伝えました。

「言葉に責任を持てる人になるためには、一度食べたものが口に合わずに、吐《は》き出したつもりにならなければいけないよ」

「えっ？　食べものを粗末にするのは、もったいないと感じます」

アーナンダが驚いて反論すると、ブッダは諭しました。

「いや、それは違います。一度吐き出した食べものを、どうしてまた拾って食べることができましょう。それと同じように、**一度発した言葉は、もうもとに戻すことはできない**のです。

再びそれを拾って食べ直さなくてもすむように、きちんと選んで、覚悟を決めて発しなければならないのです」

一度、口から出した言葉は、とり消すことはできません。ウソも同様です。一度ついたウソは、なかったことにはできません。

そう意識して、人を幸せにする言葉を選び、使うよう心がけたいものです。

仏教から派生した禅でも、「善因善果《ぜんいんぜんか》を招く、カラの種、豆を生ぜず」と教えています。

これは、「ウソや悪い言葉を言わないという善業は、善果を招く。悪因のない言葉をまけば、悪いことは生じません」ということです。

❋言葉に責任を持ちましょう。

「うわさ好きな人や暴言を吐く人と、どう付き合えばいいですか？」

ブッダは、長らく、竹林精舎《ちくりんしょうじゃ》という仏教の最初の寺院で、悟後《ごご》、すなわち悟ったあとの修行をしながら、教えを広めておりました。

ある日、古代インドの民族宗教の一つであるバラモン教の僧が、怒って竹林精舎にやってきました。

バラモン僧は、「私の仲間が、次々にブッダの弟子になっている！　どうしてくれるんだ！」と、ブッダを見るなり、口汚く罵《ののし》りました。

それを静かに聞いていたブッダは、そのバラモン僧にたずねたのです。

「バラモンのお坊様、あなたの家には、お客様がきたことがありますか？」

「もちろん、うちにだってお客はくる！」

「そのお客様に、料理を出して、おもてなしをしますか？」

「そりゃあ、もてなすこともあるだろう」

「バラモンのお坊様。もしその料理をお客様が食べなかったら、そのお料理は、誰のものになるのでしょうか？」

「お客が食べなければ、主人である私のものになる」

「そのとおりです。言葉も同じです。私は、先ほどあなたが私におっしゃった悪口やうわさ話を受けとりません。そしてその言葉は、料理と同じように、バラモンのお坊様のもとに戻るのですよ」

罪をつくらないように、ツケが回らないように、「賢く話す」ことが大切

ブッダは、人間が正しい生き方をする八つの道として、「八正道《はっしょうどう》」を説きました。

その中の一つに、正しい言葉を使うという「正語《しょうご》」があります。

そして「正語」を実践するには、次の四つの罪を避けなさいと説いています。

「妄語《もうご》（ウソを言う）」
「両舌《りょうぜつ》（両方の人に違うことを言って仲を裂《さ》く）」
「麁言《そごん》（荒く乱暴な言葉遣い）」
「綺語《きご》（真実に反して美辞麗句《びじれいく》を言う。中身のない、浮ついた話をする）」

これらはどれも、つい軽い気持ちで犯してしまいがちですが、ブッダは、**この四つの罪は、盗みや殺生、姦淫《かんいん》と同じくらい罪深いもの**としています。

出家者であれば、人の心を惑わし修行を妨げる者として、追放するくらい厳しく慎むべきものであり、陰口を言って荒い言葉を使っていれば、いつかそのツケは自分に回ってくると戒めています。

うわさ話は、その場にいない人のことを憶測で評価することですから、正しく言葉を使っているとはいえません。

うわさ話をする人には、できるだけかかわらないことです。

なぜなら、うわさ話をする人は、聞く人がいるから話すのであって、黙って聞いているだけでもうわさ話に加担しているのと同じことになるからです。

正しい言葉を使わないことは、思うよりも罪深いことだと知りましょう。

❀うわさ話にはかかわらないこと。そして、思いやりのある言葉をかけて徳を積みましょう。

3章

夢、希望、才能を見つけ、自分らしく輝く

～やりたいことが、思いっきりできた！

「夢や目的がないまま生きるのは、よくないですか？」

あるときブッダは、林の中の大きな木の下で休んでいました。

そこへ、三〇人ほどの若者たちが駆《か》けてきて、「女性が一人逃げ込んできませんでしたか？」と、ブッダにたずねました。

何があったのかとブッダが問うと、とおりすがりの女性と意気投合し、一緒に遊んだところ、皆が遊び疲れて昼寝をしている隙《すき》に、その女性は、彼らのお金や荷物を盗んで逃げたので、捜しているとのことでした。

初めて会った女性だったので、どこに住んでいるかもわからず、今見つけないととり返せないというのです。

それを聞いたブッダは、油断して昼寝をしていた若者たちを責めることもなく、穏やかにたずねました。

「君たちは、一生その女性を捜し続けるのかな？　それよりも、自分自身を探し求めることを、そろそろ始めたほうがよいのではないか？」

遊び好きな若者たちは、ブッダの問いにギクリとしていましたが、おずおずと一人の若者が「自分を探し始めたいと思います」と言いました。

そこでブッダは、「それなら女性を捜すのをやめて、私のまわりに座りなさい。自分を探す道について教えよう」と、若者たちに道を説き始めたのです。

この話の中で、若者たちが追っていた「女性」と「財産」は、〝人間の煩悩〟を意味しています。**自分の内側を見つめずに、こうしたものばかり追いかけていると、迷いの林に紛れ込んでしまう**と教えているのです。

ブッダは、**「人生の目的」を見つければ、幸福に生きられる**と説いています。

「人生の目的」がわかれば、自分が存在する意義もわかります。すると、たとえ人と違っていたり劣っていたりする部分があっても、「自分はこれでいい」と、迷わず、自信を持って充実した日々を生きていくことができるからです。

「あなたの人生の目的」を見つけるには

人生の目的とは、「何のために生きるか」ということ。

「どう生きるか」とは別のものです。

わかりやすくたとえると、遊園地で遊んで楽しむことが「人生の目的」に相当します。そして、遊園地まで歩いていくか、車でいくか、電車に乗っていくか……という手段が、「どう生きるか」に相当します。

「遊園地で少しでも長く遊ぶために、早く着きたいから特急電車でいこう」とか、「途中で景色も楽しみたいし、海にも立ち寄りたいから車でいく」など、目的が定まっていればこそ、それを叶えるための手段が活きてきます。

人生も、同じようなものだと考えてください。

「何のために生きるか」という目的が決まって初めて、「どう生きるか」が、

意味を持ち始めるのです。

自分の「人生の目的」を見つけるには、まず「探そう」と決意することがスタートです。

しかも、決意してから見つかるまでには、ある程度の時間が必要でしょう。

だからこそブッダは、そろそろ探し始めよとおっしゃっているのです。

私は、こうして見つけました

ご参考までに、私の生きる目的をお話ししましょう。

多くの人は、私がお坊さんだと言うと、生まれたときから「やりたいこと」や「人生の目的」がわかっていた完璧な人間だと思うようです。

ですが、私が自分の人生の目的を見つけたのは四〇歳を過ぎてからです。

しかも、皆さんと同じかそれ以上に長年探し求め続けて、ようやく見つけることができたという具合です。

私の祖父は、幼い頃に両親を亡くし、たくさんの家庭を転々として育てられました。

自分がたくさんの大人の世話になったので、「自分も大きくなったら、たくさんの子どもの世話をして恩返しをしよう」と心に決め、一〇代で出家し、縁あって慈眼寺の住職となり、この地で幼稚園を開いたのです。

その思いをしっかり受け継いで、たくさんの子どもたちを無事に育て、お寺と幼稚園をさらに発展させて次世代に引き渡すのが、私の役目。

そう気づいたのが、四〇歳を過ぎたときです。

それ以降、どっしりと腹が据《す》わり、生き方に迷うことがなくなりました。

あなたにも、必ず「人生の目的」があります。

それを見つけるには、常に「私のやるべきことは、何か?」と、真剣に自分に問い続けることです。問い続けていれば、必ず目的に近づきます。

❁人生の目的を見つけると、生きる楽しさが倍増します。

「ライバルに負けたくないと焦《あせ》る気持ちを静めるには？」

「同期のアイツにだけは、絶対に勝つ！」

「いつか先輩を追い越してみせる！」

ライバルがいると、モチベーションアップに一役買うことが多くあります。

ですが、単に「勝ち負け」だけを争っていては、数字に翻弄《ほんろう》されて心が落ち着く暇《ひま》がありません。

幸せにだって、なれないでしょう。

仏教でいう「勝利」とは、誰かに勝つという意味ではありません。

そもそも、他人と比べる必要がないものであり、自分自身が心の底から満足

できる「勝《すぐ》れた利益《りやく》」を意味します。

あくまでも、比べるべきは、過去の自分です。

毎日少しでも、昨日の自分を超えて成長することを目指す。

ですから、「アイツに勝つために」と競争する目的でライバルをつくるのではなく、**「アイツも頑張っているのだから、自分も頑張ろう」**と、自分を鼓舞《こぶ》してくれる存在として、お互いに励まし合う目的でつくればいいのです。

そうすれば、ライバルの動向に一喜一憂して焦ることもなくいられます。

健全な元気と底力が湧いてきて、人生に勝利できます。

真のライバルとは、自分を鼓舞するために持つもの。

自分を大きく成長させるには、この覚悟を持ちなさい

あるところに、金銀、財宝であふれた宝の山がありました。

そこには、不老長寿の泉も湧いているという、うわさでした。

この話を聞いた男が二人、「ぜひ、宝を持ち帰ってやろう！」と、宝の山を探しに出かけました。

二人は険しい山道をいく途中、つづらからこぼれんばかりの宝を背負って向こうからやってくる男に出会いました。嬉《うれ》しくなった男たちは声をかけました。

「本当に宝の山はあるのですね！」

「おう！　あるとも、あるとも！　宝もまだ余るほどあるし、泉も湧いているぞ。ただ、宝の山までの道のりは本当に険しい。途中には砂漠がある。砂漠に

は水がほとんどない。何とか山に着いたとしても、今度は盗賊《とうぞく》や獣《けもの》が、宝を奪おうと襲ってくる。これまで、何万人も挑戦したが、宝の山までたどり着いたのは、たった一〇人もいない。ましてや、こうして戻ってくることができたのは、おそらく私だけだろう」

進むか戻るか？あなたならどうする？

二人のうちの一人は、これを聞いて思いました。

「自分は、貧しいながらも、暮らすことができている。たしかに宝の山は魅力的だ。でも、おそらく自分は、山にたどり着くことができないだろう。また、たとえ着けたとしても、帰ってこられなければ意味がない。自分は、そんな辛いことには挑戦できない」

そして、途中で引き返してしまいました。

もう一人の男は、「成功した者が一人でもいるなら、絶対にできないというわけではないのだ。よし、いくぞ！」とそのまま山道を進んでいったのです。

この話の〝宝の山を目指す姿勢〟は、「成長することを目指し、精進《しょうじん》する姿勢」を表しています。

スポーツでも、仕事でも何でも、昨日よりも進化したいと願うなら、誰の前にも険しい道が立ちはだかります。そこで逃げずに前進すれば、以前の自分では想像だにしなかったような高みに到達できると、ブッダは教えています。

何事においても、大きく成長するには、苦難を乗り越えなければならないと理解することです。

「天職」や「自分を成長させてくれる仕事」に出会う法

「天職」について相談されることが多いので、お話ししておきましょう。

天職とは、いつかどこかで運命的に出会うものではありません。

実は、あなたが今すでに就いている仕事こそ、「天職」なのです。

こう言うと、「えっ、自分には向いていないのに！」「こんな仕事、嫌よ！」「好きじゃないのに天職？」という声が聞こえてきます。

「喫茶《きっさ》喫飯《きっぱん》」という言葉があります。

これは、「お茶を飲むときはお茶を飲むことに、ご飯を食べるときはご飯を食べることに集中しなさい。**毎日、当たり前にやっている行動に心を込めるこ**

とで、見えてくる何かがある」という教えです。

仕事がうまくいけば「向いている」と思い、うまくいかないと「向いていない」と思ってしまうのではなく、自分に合っていようがいまいが、今の仕事にもっと真剣にとり組み、さらにうまくいくよう工夫してみましょう。

必ず、得るものがあります。

成功している人や、イキイキと働いているその道の達人たちに聞いてみると、もともと、「これが天職だ！」と思ってその仕事を始めた人は、ほとんどいないことに驚きます。

目の前の仕事に情熱を注いで信用を得るにつれ、お客様も増えていった。そして次第に仕事への自信や愛着が生まれ、その道の第一人者となったというパターンがほとんどなのです。

もの覚えの悪いシュリハンドクは……

ブッダの弟子に、シュリハンドクという名のお坊さんがいました。

シュリハンドクは、ほかの修行僧よりもものを覚えるのが遅く、何度聞いても、すぐに忘れてしまいます。

シュリハンドクの兄は、そんな弟をかわいそうに思い、言いました。

「ハンドク。お前は、何も仏の道を目指さなくても、ここで私たち家族と一緒に暮らせばいいじゃないか。ここにいれば、バカにされることもないだろう。父さんも母さんも、お前のことをとても心配しているんだ。家に帰ろう」

しかし、シュリハンドクの志は高く、悟りを求めて修行することをやめようとしません。

シュリハンドクは、ブッダに問いました。

「私のようにもの覚えが悪く、できることが少ない者でも、悟りを得ることはできるのでしょうか？」

ブッダは、やさしく答えました。

「シュリハンドクよ。お前は、何事にも素直で純粋な心を持っている。その心を大事にしてほしい。そしてこれからは、日々、庭の掃除に専念し、〝われ、箒《ほうき》をもって塵《ちり》を払う〟と唱えながら掃《は》きなさい。この言葉だけ、しっかり覚えなさい」

シュリハンドクは、ブッダに与えられた掃除の仕事に一生懸命にとり組みました。苦労して覚えた「われ、箒をもって塵を払う。われ、箒をもって塵を払う」と、繰り返し唱えながら。

この小さな気づきで心の塵が払われた!

そんなある日、ブッダの僧院にお客様がきました。

そのお客様の履物《はきもの》は、たいそう汚れており、シュリハンドクは、その汚れを落とすよう頼まれました。丁寧に汚れを落としているとき、シュリハンドクは、ふと気づきます。

「履物は、少し履くだけでもこんなにも汚れるし、その汚れはなかなか落ちない。人間の心は、煩悩の垢の汚れにまみれている。それをとり除くには、もっともっと真剣に掃き清めないとならないな……」

これを機縁にシュリハンドクの修行はますます進み、ついに彼は悟りを得ることができたのです。

シュリハンドクに与えられた仕事は、掃除でした。

彼は、それをただ素直に真剣にやり続けた結果、「履物の汚れ」という、些《さ》細《さい》なことから悟りを得ることができたのです。

仕事に限らず、「家事」も「学業」もそうです。

今あなたが担っている役割こそ天職と思ってとり組めば、必ずこれまでとは違った世界が広がってきます。

あなたが、今している仕事が天職です。

「好きな仕事だけど給料が安い。未来を切り開くには？」

ブッダは、**「知《ち》足《そく》の人は、貧しいといえども、しかも富めり」**と説きました。

「知足」とは、足るを知るということ。

これは、「今あるもので我慢しなさい」という説教ではなく、**「今あるものに目を向けて積極的に感謝できる人は、貧しくても、実は心が豊かである」**という意味の教えです。

仕事があるだけでもありがたい。

仕事ができるほど、健康なのも素晴らしい。

好きな仕事でお給料がもらえるなんて、最高だ。

この教えどおりに「今あるものに感謝」していたら、もっともっと感謝したくなる嬉しい状況が巡ってきた〝私の実体験〟を、お話ししましょう。

私の祖父が、大正一四年に創立した秩父幼稚園は、戦前戦後の厳しい時代を乗り越え、高度経済成長と人口増加の波のお陰で、昭和の時代には園児がどんどん増えました。

ところが、平成の時代に突入すると、人口増がピークを過ぎ、園児が少しずつ減り始めました。私が住職となるための修行を終えて秩父に戻ったのは、ちょうどその頃です。

それまでは幼稚園の数が不足していたため、募集すればすぐに園児が集まりました。だから、祖父や父の時代は、〝よい教育〟を施すことだけに心をくだき、「幼稚園の経営」については、さほど気にせずともよかったのです。

ですから私も、幼稚園経営についてはまったく無知でした。入園者を増やしたくても何から手をつけたらよいかもわからず、とりあえず経理の勉強を始めました。

そして決算書が読めるようになると、このままでは園の経営はすぐに立ちゆかなくなると気づきました。秩父幼稚園は、すでに経営危機の崖っぷちにあったのです。

仕事も、経営も、面白いほどうまくいく秘密

慌てた私は、いくつもの経営セミナーや講演会に参加しました。ほかの園で成果が上がった方法や、業種を超えて通用する成功ノウハウなど、いくつもの知識を学び、すぐに秩父幼稚園でも実践してみました。

ところが、いっこうに園の経営は上向きません。

園児の減少は止まらず、一人、悶々《もんもん》と苦しんでいたある日、知人に「秩父幼稚園の魅力は何ですか？」とたずねられたのです。私は、「!?」と言葉につまりました。これまで真剣に考えたことがなかったからです。

伝統があるから？　お寺の幼稚園だから？
そんなことが、魅力といえるのかな？？？

目を向けたとたん、答えが見えた

そうやって「秩父幼稚園の魅力は、何か？」と思い巡らせたときに初めて、園児は減り続けていても、それでも秩父幼稚園を選んでくれている保護者がいる事実に気づくことができたのです。

視点が変わった私は、今、通園してくれているご家族に、なぜ、秩父幼稚園を選んでくれたのか聞いて回りました。すると八割の人が、「職員の人柄がいいから！」と言うではないですか。

私は、今すでにいる職員に目を向け、感謝することを忘れていたのです。

これまでずっと、「なぜ、選んでくれないのか？」「なぜ来てくれないのか？」と、失うことばかりに目を向けていました。**そして外ばかり見て、足り**

ないものを、外から補おうとしていたことにも気づいたのです。

すべては、足りていたのです。


そこで私は、職員への〝感謝の言葉〟と、職員の紹介をまとめた「秩父幼稚園の魅力」というムービーをつくりました。

入園希望の保護者に観せるためです。

その内容をチェックするために全職員に観てもらうと、私から職員への〝感謝の言葉〟が流れたとき、観ていた職員たちの目に涙が光りました。

それからというもの、職員が一丸となって「子どもたちのために何ができるか」と、さらに真剣に考えるようになり、秩父幼稚園は、毎年少しずつ入園希望者が増えていったのです。

今すでにあるものに目を向けて感謝をしたとたん、「今、あるもの」を活かす知恵が湧いてきて、何もかもが好転していきました。

「知足」の大切さを、身をもって理解しました。

ブッダは、こう述べています。

「愚かな人とは、自分に示された他人の親切に感謝ができない人である。
賢い人とは、常に感謝の気持ちを持つことができる人である。
そしてなおかつ、自分に直接、親切にしてくれた人だけでなく、すべての人に思いやりと感謝の気持ちを表そうとする人である」

自分に恵みが届いていることに繰り返し感謝すると、必ず幸せへの道が開けていきます。

あなたの抱く感謝の大きさが、あなたが人生で経験するものを決定します。

今あるものに感謝すれば、必ず道は開けます。

4章

ブッダの教えは、お金持ちへの道でもあった

～どんどん豊かに、みるみる幸せに！

どうしたら、大金持ちになれるのか？

仏教では、出家した人間は、〝托鉢《たくはつ》で集まったものを皆で分けて生活する〟のが基本です。

ですから、ブッダの教えの中には、〝お金持ちになる、具体的な方法〟というのは、あまり見受けられません。

でも、ブッダは、在家《ざいけ》の人（家庭で普通の生活をしながら仏教を学ぶ者）たちが、お金を稼ぐことや蓄財することに否定的だったわけではありません。

あえてお金の稼ぎ方を教えなくても、「まわりの人を応援する」「今の仕事を天職にする」「あるものに目を向けて感謝する」など、これまでお話ししてき

た善行をして世の中に役立っていけば、自然と富んでいきます。だからお金についての教えだとあえて言及する必要がなかったのでしょう。

ブッダの教えに沿った生き方をしていれば、徳を積んで幸運になるだけでなく、お金持ちにもなっていくのです。最高ですね。

この話に出てくる「長者」とは誰か？「子ども」とは誰のことか？

ある国の話です。

長者の幼い息子が、一人で遊びに出ていたときに迷子になり、家に戻れなくなりました。両親は心配して、ほうぼう手を尽くして捜しましたが、見つかりません。そして、とうとう数十年もの月日が経ちました。

その息子は、さすらいの身となっており、さまようちに、いつの間にか自分の故郷に舞い戻ってきていました。

ある日その息子は、昔よりさらに立派になった自分の両親の家とも知らず、みすぼらしい姿で、門前にたたずんで食べ物を乞いました。

その息子の姿を見た父親は「長年捜していた我が子だ！」と気づき、息子の手をとって家の中に引き入れようとします。

ところが息子は、みすぼらしい自分が、まさかこんな立派な家に招き入れられるとは夢にも思いません。門前を汚したと叱られると勘違いし、「お許しください！」と逃げようとしました。

それを周囲の者がとり押さえたところ、息子は恐怖のあまり失神してしまいます。

息子の正気が戻ったところで、父親がこれまでの事情を説明しますが、彼は「そんなバカな」と信用せず、逃げ帰っていきました。

そこで父親は、みすぼらしい姿の下働きの男を使いとして送り、「長者の家の掃除人に雇われたから一緒にいこう」と誘わせました。

すると息子はすっかり安心して長者の家の召使いとなり、毎日まじめに働くようになりました。

父親は、すぐにでも息子を跡取りにしたいと思いましたが、あまりにも境遇が違うため、とうてい信じないだろうと思い、しばらくこのまま掃除や洗濯などの仕事をさせることにしたのです。

そして年月を経るにつれ、父親である長者は、だんだんと息子に大切な仕事をまかせ、上役に引き立てていき、ついには最も重要なポストである執事にまで昇進させたのです。

息子も、貧しいときの卑屈な心は次第に失《う》せ、多くの人々に信頼される、しっかりした人物に育ちました。

ところが、その頃には、この長者も年老いて病気にかかり、もう余命いくばくもなくなっていました。

そこで、国王、大臣や親戚らを招き、立派な宴会を開いて言ったのです。

「皆さん、この執事は、実は私が長い間捜していた実の息子です。私は今日、この子に家と財宝のすべてを譲り渡します。どうぞこれまでの私と同じように、お付き合いください」と、執事を息子として紹介したのです。

これを聞いた息子は、ことの次第をすべて理解しました。

そして、真相を打ち明けたい気持ちを我慢して、ここまで年月をかけて自分を育ててくれたうえ、財宝のすべてを譲られることで、親の愛情の深さをしみじみと実感したのです。

これを思い出せば、現実的な財産にも恵まれる

さて、この話でいう**長者とはブッダ**を指し、**長者の息子とは私たちのこと**を指しています。

私たちは、誰もが煩悩を持つ迷い子であり、また同時に長者（ブッダ）にもなり得る、長者の子どもなのです。

でも、ほとんどの人が「誰もが、自分が生まれながらにして仏性を宿した尊

い存在だ」ということを、忘れてしまっています。

この話は、そんな私たちがブッダの慈愛を受けて修行し、成長していくならば、「悟り」という心の宝や、現実的な「お金」「財産」なども手に入れることができるという教えなのです。

自分を信じて、成長しよう！

富が押し寄せてくる人たちが持っている「心の素質」

ブッダが実践していた、富が押し寄せてくる方法があります。

それは、**“多くの人の悩みを解決してあげる”**というものです。

そもそもブッダは、慈悲心から無償で多くの人の悩みを聞いて解決してあげていたのですが、結果として、お布施《ふせ》という形でたくさんのお金が集まり、祇《ぎ》園精舎《おんしょうじゃ》が建つほどになりました。

人間、誰にでも、「悩み」や「欲望」があります。

痩せてスリムになりたいとか、日常生活の不便を解消したい、寒さを和らげたいなど様々です。

人々のそうした悩みを解決するサービスや、欲望を叶えてあげる製品をつくり、それを購入してもらえばもらうほど、あなたのもとに対価としてのお金が多く入ってくるわけです。

ですから、たくさんお金を稼ぎたければ、多くの人を救うことです。

よりたくさんの人を幸せにするには

より多くの人を救うためには、愛情と、思いやりを持つことが大切です。

それがあればこそ、どうしたら喜ばれるのか、楽しませることができるのか、助けてあげられるのか……、様々な知恵やアイデアが泉のようにあふれ出てくるからです。思いやりも愛情もなく、目先の利益だけを考えて搾取《さくしゅ》すれば、すぐに立ちゆかなくなるでしょう。

結局、心を豊かに耕すことが先なのです。

思いやりを持って、人の悩みを解決していく。

お金が一〇〇倍以上に増えて、本当の幸せも手にできる秘訣

東日本大震災で被災した、ある男性の話です。

彼は、何かあったときに備えて、常に現金を手元においていました。

そして、いざ震災が起きたとき、しっかりとそのお金を持って逃げたのですが、お金があっても街には買えるものが何もなく、愕然《がくぜん》としたそうです。

日本では昔、年貢を「お米」で納め、必要なものを得るときに、お米と交換していた時代がありました。

現代で、このお米の役目を果たしているのが「お金」です。

お金は、あくまでも、ものと交換するための道具《ツール》なのです。

ないよりも、あったほうがいいに違いありません。しかし、道具は使い方次

第で、人を豊かにも貧しくもさせます。**お金は、うまく使ってこそ、大きな価値を生み出すのです。**それを示す話をしましょう。

貧乏な人が抱える「心のクセ」を直すたった一つの方法

ブッダが祇園精舎に滞在していたときのこと。貧しくとも働き者のスダッタという若者が、たずねてきました。

「私は、もっと布施をしたいのですが、貧しくてできません。教えてください。布施は、多いほうがいいのでしょうか？　少なくてもいいのでしょうか？」

ブッダは、答えました。

「布施の多い少ないは、問題ではないのです。多くても果報のないこともあり、少なくても果報の多いこともあります。施しが多いのに得られる果報が少ないのは、真心がないからです。**施すことに喜びを感じていないからです。**

施しが少ないのに果報が多いのは、その人に真心があって、私の教えを信じているからです。施すことそのものに喜びを感じているからです。

果報を望むことなく、ただ施さずにいられないから、布施をしているのです。
それは、よく肥えた土地に種をまくようなものです。種は少なくても収穫は多くなるということです」

「お金がない。自分には、他人に与えるものなど何もない」と思い込み、自分のためだけにお金を使っていると、心が貧しくなります。すると現実的にも、そのとおりに貧しくなっていきます。

お金持ちになるには、まず、心を豊かに変えなければなりません。
自分は貧乏だという思い込みを捨てなければなりません。

「これだけしかない」ではなく、「これだけ与えられる」と意識を豊かに変えて世の中のために使っていくうちに、人生の流れは変わるのです。

お金は、上手に使えば、あなたを最高に幸せにします。

将来のために、どのくらい節約して貯金するべき？

ブッダは、在家の人（出家せずに仏教を学ぶ人）は、**収入と支出をしっかり管理し、その一部を貯金しなさい**と教えました。

〝人間関係をよくするためのブッダの教え〟が記された『六法礼経』には、**「一生懸命、働いて得たお金は、自分一人のものと考えて自分一人のためだけに使ってはいけない。**

幾分かは他人のために使い、幾分かは緊急時に備えて貯えること。

また、税金として支払ったお金が、国家や社会、子どもたちの教育のために用いられることを喜ぶべきです」

と、書かれています。

ただしブッダは、やみくもに貯金することを勧めてはいません。「病気などに備える緊急費」のほか、「家を買う資金」「子どもの教育資金」「事業を興す資金」など、**〝目的のある分だけを貯めておけばよい〟**としています。

実はこれには、必要以上のお金を貯め込むことで、**余計な執着を生まないようにする**という意図があります。目的もなく貯金をするくらいなら、世の中のために使ったほうがいいというのです。

「貯める」と「手放す」のポイント

そもそも仏教とは、すべての執着を絶つ道のこと。**あらゆる執着から心が自由になった状態が「悟り」です。**

お金に執着してしまえば、心の平和を乱し、幸せから遠ざかってしまいます。

お金を稼いで貯めるのはいいのですが、「減らしたくない」「なくしたくない」という執着は不要なのです。
道元禅師《どうげんぜんじ》も「放てば手に満てり」と言われており、欲や執着を手放したときに、本当に欲しいものや、大切なものが手に入ると教えています。
お金に縛られなくなったときに、潤沢《じゅんたく》にお金が回るようになるのでしょう。

「得る」ときは、人の悩みを解決し、世の中の役に立つことで得る。
「手放す」ときは、気持ちよく、自分だけでなく他の人のためにも使う。

お金との付き合い方をこう心がければ、よい循環が巡り、富んでいても気持ちは平穏で、執着を持たずにいられるでしょう。

貯金するのと同じくらい、他人のために使うことも大事。

四人の妻を持つ男の話。一番大事にすべきは、何番目の妻？

あるところに、四人の妻を持つ男がいました。

彼は第一の妻を溺愛《できあい》していて、おいしいものをたくさん食べさせ、欲しいと言われれば、高価な服も宝石も、何でも買い与えました。

ところがあるとき、その男は遠い国にいかなければならなくなりました。

そこで、第一の妻に「一緒にいってほしい」と頼んだところ、「私はこの国にいて、大切にされて、思いどおりの生活ができるから幸せなのです。遠い国になど、いきたくありません」と、冷たく断られてしまいます。

そこで男は、第二の妻に頼みますが、「あなたが可愛がっていた、第一の妻さえいきたくないところなんて、私だって嫌です」と断られます。

そして、第三の妻にも「国境まで見送りますが、お別れしましょう」と断られてしまいます。

ところが、第四の妻は、あまり大切にされていなかったのに、「あなたのいく所なら、どこへでもお供します」と言ってくれたのです。

実は、この話の「遠い国」とは「死」を意味します。

可愛がったけど一緒にいってくれない第一夫人は「肉体」、第二夫人は「財産」、第三夫人は妻子や兄弟、友人など、「この世の人間」を指しています。

では、どこまでも一緒にいってくれる第四夫人は？

それは「心」です。

日頃、落ち込もうが怒ろうが、ないがしろにし、放置してしまいがちですが、死んでから先も、私たちと共にあるのが「心」。だからブッダは、ブッダの教えを守り、心を育てることが大切だと説いているのです。

いつもクヨクヨしている人は、あの世にいってからもクヨクヨし、怒ってばかりいる人はあの世にいっても怒ってばかり。

今、どんな状況にあっても幸せを感じられる心を育てておけば、あの世にいっても、幸せいっぱいなのです。

肉体や財産、家族や友人などは大切にするべきですが、死んだらあの世に持っていくことはできないのだから、必要以上に執着してはいけません。

では、心を大切にするには、どうしたらいいか?

これまでお話ししてきた「目線を自分の内に向けること」や、「今あるものに感謝する」「良心にしたがって行動する」などのよい習慣を積み重ねることです。

❋死んでからも共にあるのは、「心」だけ。心を育てることを怠りなく!

力いっぱい、目いっぱいの「喜捨《きしゃ》」で大逆転できる！

ブッダが、ある街を訪れることになったときの話です。

ブッダの到着が夜になるというので、ブッダの足もとを照らそうと、街の人たちは競って盛大に飾りつけた豪華なランプを用意していました。

その街には「どうしてもブッダに会いたい」と願う少女がいましたが、彼女は貧しくて、ランプはもちろん、ローソク一本さえ用意することができません。

そこで彼女は、自分の髪を切って油に浸したローソクをつくり、それを灯《とも》して待つことにしたのです。

ブッダが到着する直前、街は突然、激しい風雨に見舞われ、街の人たちが用意した豪華なランプの明かりは次々と消えていきました。ところが、その少女

のローソクの明かりだけは、消えることなく灯っていたのです。

そこに到着したブッダは、**「あなたの真心と精いっぱいの喜捨が、炎を灯し続けたのです」**と声をかけ、褒《ほ》め称《たた》えました。

大富豪が、多額の寄付をしたというニュースが、世間を騒がせると、多くの人は、「自分には、寄付するほどのお金はない。自分だってお金持ちだったら、いくらでもするよ」などと考えます。

ですが、重要なのは、寄付の金額の大小ではありません。「相手の役に立ちたい」と願う気持ちです。ときには、一億円ある人が一万円を寄付するより、一〇〇円しかない人が、その半分にあたる五〇円を寄付するほうが尊いこともあるのです。**少しのお金しか持っていなかったとしても、自分なりにできる寄付をする人が、豊かになっていくのです。**

わずかでも、人のために寄付する気持ちが大切。

5章

たいくつな日々が、生きがい&ときめきで満ちた!

~笑顔こぼれる充実生活のコツ

「自分には大きな夢や目標がありません。どうしたら夢が持てますか？」

慈眼寺では、毎年夏休みに、幼稚園のスタッフ育成のための講演会を開催しています。

教育や脳科学の専門家を講師として外部からお招きして、講演をしていただくというもの。せっかく素晴らしいお話が聞けるチャンスなので、地域への社会貢献として一般の方々にも公開しています。

ある年、人材育成や組織活性で活躍されている福島正伸先生を講師にお招きし、「夢や人生の目的を持つことの大切さ」についてお話しいただきました。

そのときの参加者たちから、意外な感想が多く寄せられたのです。

「そうか、大きなことだけが夢ではないんですね！　身近で些細なことも、素晴らしい夢なんですね！」

「毎日、普通の生活の繰り返しでも、夢が持てることに元気づけられました」

慈眼寺の近所に住む、九〇歳近くのおばあさんは、こんなふうにおっしゃってくださいました。

「これからは、毎日、家族のために料理をするのが〝夢〟になりましたよ」

たしかに、「夢や人生の目的」というと、「日本一になる！」とか、「難病を撲滅《ぼくめつ》する薬をつくる！」などといった社会に広く役立つものや、相当頑張らないと手が届かないものでなければいけないと思っている人は多いでしょう。

ですが、小さなことをないがしろにして、いつか大きな貢献をすることを夢見ることが、価値あることでしょうか？

また、たとえば「家族のためにおいしいご飯をつくる」という自分にとっては身近で小さな夢であっても、その夢が周囲に与える影響は、はかりしれません。

おいしいご飯を食べた家族が健康に働ければ、必ず誰かが助かりますし、そのご飯を食べて元気に育った子どもたちが、将来、世界を変えるような大発明をするかもしれません。

小さな夢に見えたことが、思わぬ大きな貢献を果たすこともあるのです。

世界中の何十億人もの人々の幸せを願うのも、たった一人の家族を喜ばせようとするのも、同じく尊い夢です。

バスのステップを下りにくそうにしているおばあさんに手を貸してあげることも、一人暮らしの老人に毎日声をかけて安心させてあげることも、遠く離れた国の子どもたちに寄付をするのと同じく立派な夢です。

「誰かの幸せを願う」という姿勢が根底にあれば、夢の大小は問題ではないのです。

なぜ、他人のために尽くして、自分が幸せになるのか？

あるときブッダは、「利他《りた》」、すなわち、他者の幸せを願う心で生きれば、必ず自分自身が、幸せになると弟子たちに説きました。

「自分のためだけという心を捨てて、人を応援し、助けることに力を注ぎなさい。人のために尽くし、それを成し遂げることができたとき、その姿は、見る人たちにも喜びや幸せを与えます。

自分の幸福や世の中の幸福とは、こうしたことから生まれるのです」

すると、その話を聞いていた弟子が問いました。

「その喜びや幸福は、やがてなくなりはしませんか？」

ブッダはおっしゃいました。

「いいえ、なくなることはありません。それは、一本の松明《たいまつ》の火のようなものです。一本の松明から、数百人、数千人に火を分かち与えて、暗闇を照らすことができますね。そしてたとえ、それだけ分け与えたとしても、もとの松明の火が消えることはありません。

あなたの幸福も松明と同じです。どれだけ分け与えたとしても、自分が幸せであることに変わりはありません。減ることなく、まわりに広がっていくのです」

他人を幸せにすることに、惜しみなく全力を注ぎましょう。

自然と、大きな貢献ができる立場へ導かれていくことも起こり始めます。

誰かの幸せを願う夢は、すべて尊い大きな夢といえます。

「仕事が忙し過ぎて自分の時間がゼロです。仕事漬けの人生から抜け出すには？」

ブッダが、とある村に托鉢にいったときのこと。

村人たちが、こぞってブッダを責め立てました。

「私たちは土地を耕し種まきをしています。あなたも托鉢をするのではなく、土地を耕して種をまき、自分で食べるものを手にするべきではないですか？」

当時は、今のような機械も技術もなく、人が一人生きるための食料を確保するのも大変な時代だったのです。ブッダは、こう答えました。

「私もまた、田を耕し、種をまいている者なのですよ。あなた方のように、土の大地を耕す人もいます。そして、また**心**の大地を耕す人もいるのです。

心の大地を耕す人は、〝智慧〟という鋤《すき》で土を耕しています。〝信仰〟を種としています。そして〝持戒《じかい》〟という戒を保つ縄で、怠けたいという心を縛っています。怠ることなく修行を続ける精進により、安寧という実りが育つのです」（『雑阿含経《ぞうあごんきょう》』より）。

ここでいう安寧とは、出家者にとっては心の安定のことであり、在家の人にとっては、願いを叶え、将来の不安がなくなった心の充実を指します。

忙しさにかまけて心の大地を耕すことを怠ると、心が荒れ果ててしまいます。すると、不安ばかりが先に立ち、希望あふれる未来を描けなくなってしまいます。やさしさの花も咲かず、現実世界でも貧しくなっていきます。

しかし**心を耕せば、思いやりや愛情が豊かになり、夢や希望、アイデアがどんどん湧いてきて、現実においても実り豊かになっていきます。**

✻心と行動が合致したとき、果てしない豊かさに満たされます。

「毎日、同じことの繰り返し。たいくつな人生を変えるには？」

お寺を管理する責任者である〝住職〟になるためには、各宗派が決めた「大本山」と呼ばれるお寺で、最低一年間の修行をしなければなりません。

修行中は、毎日きっちり同じ時間に、同じことを繰り返します。

晴れの日も雨の日も、夏は朝四時、冬は朝五時に起きて、くる日もくる日も同じように坐禅して、一時間後にお経を唱え、掃除をすませ、ご飯をいただく。

三六五日、何年も同じことを繰り返し、規則正しい生活をします。

日常生活をコツコツと淡々と繰り返すことが、修行そのものなのです。

毎日、規則正しく同じことを繰り返していると、自分自身やまわりの微妙な

変化にも敏感になり、気づきや悟りが起こり始めるのです。

大本山の修行生活を始めたばかりの頃は、わからないことだらけのうえ、二〇〇人以上もの人と生活を共にしながら修行するので、その大きな生活リズムの変化に、なかなか体がついていきません。

食事には、箸《はし》の上げ下げやお椀の持ち方など細かな作法がありますし、食前に唱えるお経も覚えるのが大変で間違えれば叱られ、坐禅、朝課《ちようか》、作務《さむ》、朝食と、早朝からやるべきことをいろいろこなして、気がつけばもう夜。寝たかと思うと、もう朝……。その繰り返しでした。

ところが不思議なことに、そんな慌ただしい毎日を無我夢中で過ごすうちに、だんだん時間の流れを、ゆっくりと感じるようになってきたのです。

そしてある朝、それまで全然意識していなかった「音」を感じました。

朝四時というと、山はまだ暗く、シーンとした静寂に包まれています。

その静寂の中で坐禅をしていたら、小さな虫の声、木々がそよぐ音、森の中、土の上の命のざわめきが、大音量で迫りくるように聞こえ始めたのです。

季節の移ろいに合わせて聞こえる音も変化していき、〝私たちは大きな命の営みの中で、生かされている〟と気づかされました。

また、意識しなくても流れるように食事作法を守れるようになると、食材の味がよくわかるようになり、たくわんも米も、すべてが一噛《か》みするたびに、とてもおいしく味わえるようになったのです。

「如常《にょじょう》」こそ、最高の幸せ

修行中は、大本山独特の言葉をいくつも学びます。

その一つが「如常」です。

如常とは、いつもと変わりがないということ。

修行中は、毎晩八時になると、翌日の朝に、どのお経を唱えるのか伝えられます。何か特別な行事がなければ、朝のお勤めはいつもと同じ「如常」に行なわれます。

いつもと異なると、「異常」です。

異常なことが起こらず、何事もなく無事に毎朝お経をあげることができるのは、実は、とてもありがたいことなのだと学んだのです。

「精進」するとは、こういうこと

さて、毎日同じことを繰り返すと気づきが起こると言いましたが、惰性《だせい》で繰り返しているのでは、いけません。

心を込めてその動作に集中してこそ、見えてくるものがあるのです。

毎日コツコツ続けるこの姿勢を、**「精進」**というのです。

精進していると、自分のできること、できないこと、自分を支えてくれている物事、自分の過去の間違いや成長にも気づくことができます。

ブッダは、「精進」について、こう説いています。

「たとえ、一滴の雫《しずく》であっても常に同じところに滴《したた》り落ちていれば、石に穴を

開けることもできます。

途中で同じところに滴り落ちるのをやめてしまったら、穴が開く前に終わってしまいます。どんなにゆっくりでも、少しでもいいから滴り続けることが大切です。そうすれば、いつか必ず穴が開きます。

何事も努力して精進すれば、成し遂げることが難しいことはないのです」

昨今では、「毎日同じことを繰り返していては、成長できない」とか、「通勤のルートだけでも変えてみよう」などと言われることもあります。

ですが、同じことでも真剣に繰り返していたら、「進歩はある」のです。

逆に、毎日同じことをやり続ける機会は、そうそうないものです。

「ありがたい」と思って活かしたほうがいいのです。

同じことも、真剣に繰り返せば、成長できる。

〝仕事を失う不安〟を静めるには？

あるときブッダは、弟子たちに問いました。

「男の人が、大きな川を渡ろうとしたとしましょう。その川には、橋も船もありません。そこで彼は、近くから木々を集めて筏《いかだ》をつくり、その筏に乗って川を安全に渡りました。

そのとき彼が、〝この筏のお陰で川を渡ることができた。役に立った大切なものだから、今度はこの筏を肩に担いで持っていこう〟と考えたとしたら、筏は、さらに役に立つのでしょうか？」

すると、弟子たちは口々に、「そんなことはありません！」と答えます。

「では、その人が、〝この筏は、大変役に立った。しかし、役目を終えたので、ここにおいていこう〟と考え、その人がいくべき所にいくとしたら、どうでしょう。これは、筏を有益に使ったといえますか？」

「もちろんです。筏にとらわれてはいけません」

弟子たちは、答えました。

この世は、**「諸行無常《しょぎょうむじょう》」**であり、あらゆるものは移り変わり、少しの間もとどまっていることはないとブッダは教えています。

これは、科学的に見ても真理です。

すべての元素は振動し、動き、変化し続けています。

ものばかりでなく、人も人間関係も仕事環境も、あらゆるものが変化する世界で、私たちは生きているのです。

すべては変化していくものと受け止め、今あるものを失うことに意識を向けないことです。

川を渡る間は筏の世話になればいい。

そして向こう岸に着いたら、筏は捨ておき、歩くだけのこと。


今の仕事にとらわれなければ、「なくなったらなくなったときだ。それまでは精いっぱい、頑張ろう」という心境になることができます。

また、そう思えれば萎縮《いしゅく》せずに実力を発揮でき、仕事を失うどころか、重宝されるようになる可能性さえ高まるでしょう。

たとえ、仕事を辞めることになったとしても、「ここから学ぶことはないか？」と気持ちを切り替えれば、もっとよい方向にいきます。

✲失うことばかり考えて執着しないこと。

6章

家族、夫婦、大切な人と、一生仲よくいるコツ

～誰にでも、いろいろあります

「誰か一人のことを好きになったことがありません。どうしたら心ときめきますか？」

「誰か一人のことを、特別に好きになったことがない」

こんな人は、まず「自分のことを好きかどうか」振り返ってみてください。

あなたは、自分の欠点ばかり目について、自分という人間に価値がなく、人から好かれるはずがないなどと思っていませんか？

もしそうであれば、25ページでも紹介した、ブッダが亡くなる前に残した**「一切衆生悉有仏性」**という言葉、**「皆一人ひとりが仏になれる。どんな人でも仏性が備わっている」**という教えを思い出してください。あなたも、ブッダと同じ仏性を宿した、尊い価値のある存在です。

そしてまたブッダは、「すべての人に慈悲の心を持って接しなさい」と教えました。

重要なのは、**〝すべての人に〟**という部分です。

つまり、**他人だけでなく、あなた自身に対しても、慈《いつく》しみの心で接することが大切**だということです。

慈悲とは、「抜《ばつ》苦《く》与《よ》楽《らく》」、すなわち、苦しみをとり除いて、安らぎと楽しみを与えてやり、共に喜ぶ気持ちです。

自分の欠点ばかりを見ずに、「こんなにいいところもある」と、長所に目を向けて、自分を大好きになってください。

そうして**自信をつけていくと、他者の好意も素直に受け入れられるようになってきます**。他者の長所にも自然と目がいくようになりますから、自分と合った、心から好きになれる人を見つけやすくなるわけです。

もし、あなたが、自分のことも好きだけれど、誰か一人を特別に好きになることがないというのなら、恋愛感情にこだわらず、皆を好きだと思う気持ちをどんどん深めていきましょう。

「仏心とは、大慈悲是《これ》なり。無縁の慈《じ》をもって、諸々《もろもろ》の衆生《しゅじょう》を摂す」という言葉があります。

「大慈悲の心とは、ブッダのように広大な慈悲の心のことである。どんな相手にも分け隔てなく、平等に接することだ」という意味です。

あなたの慈悲の心を、人にやさしくせずにはいられない、人が困っていたら助けずにはいられない大慈悲にまで深めていく。

すると、表面的ではない深い人間関係が少しずつ生まれてきます。

そんな結びつきの中から、いつしか特別に愛する人が出てくるでしょう。

自分や他人に対して、慈悲の心を持つ。

怒りに支配されれば、友も愛する人も失う

昔、あるところに、一人の男が妻と暮らしていました。

二人は、子どもを欲しがっていましたが、なかなか恵まれず、家にすみ着いていたイタチを子どものように可愛がっていました。

そのうちイタチが子を産んだので、夫婦でその赤ちゃんイタチをたいそう可愛がっていると、妻が妊娠し、元気な男の子が産まれました。

「きっとイタチの子を可愛がったから、子どもを授かったのだわ！」と、二人は大喜びで息子を大切に育てていました。

その二人が住む地域には毒蛇が多かったため、夫は常日頃から、妻に言い聞かせていることがありました。

「決して子どもを一人にしてはいけないよ。どんなに近くても、外出するときは必ずこの子も一緒に連れていくんだ。家においていって、もしものことがあってはいけないからね」

ところが、あるとき、「隣からうすを借りて穀物をひこう」と思い立った妻は、うっかり子どもをおいたまま、隣の家へ出かけてしまったのです。

そのときです。一匹の毒蛇がソロソロと家に入ってきて、子どもに近づきました。

それを見たイタチは、「危ない、赤ちゃんが殺されてしまう!」と蛇に飛びかかり、噛みついてズタズタに引き裂きました。

イタチは、無事に子どもを守ったことを褒めてもらおうと、毒蛇の真っ赤な血を口のまわりにつけたまま、戸の前で待っていました。

そこへ男が仕事を終えて帰ってきて、ちょうど隣の家から一人で戻ってくる妻に出くわしました。

「外出するときは、子どもを連れていけと言ったではないか！　なぜ一人で出かけたんだ⁉」

男は妻を叱りつけ、家へと急ぎました。

真っ先に目に飛び込んできたのは、口のまわりに血をベットリとつけて、戸口にちょこんと座っているイタチです。

「なんと！　留守の間に、イタチが息子を食い殺してしまった！」

気が動転した男は、むんずとイタチをつかみ、「今まで大切にしてやったのに、このイタチめ！」と何度も杖で叩き、イタチの命を奪ってしまいました。

男が家の中に飛び込むと、子どもは一人、無邪気に遊んでいます。

その傍《かたわ》らには、毒蛇が八つ裂きにされていました。

男はハッと我に返り、天を仰《あお》ぎました。

「ああ……！　イタチは我が子の命を守ってくれたのだ。それなのに私は、確かめもせずに、怒りに我を忘れてイタチを殺してしまった。何ということをしてしまったのだろう……」

そのとき、どこからともなく、ブッダの声が聞こえてきました。

「物事は、よくよく落ち着いて確かめなければならない。

怒りに我を忘れ、見境のない行動をとってはならない。

怒りは、自分を苦しめるもとだ。**怒りにまかせて動いていては、よい友も愛する者も、すべて失うことになるであろう**」

日常で、ついカッとなることは避けられないかもしれませんが、その怒りに支配されて行動をすれば、とり返しのつかないことになると肝に銘じておくことが、人生を左右します。

怒りにまかせて行動してはいけないと、心得る。

「夫婦ゲンカをなくして、仲むつまじくなれるヒントをください」

夫婦ゲンカの一番大きな原因は、相手を批判する心ではないでしょうか。

怒りにまかせてイライラして相手を責めれば、自分が苦しくなりますし、むしゃくしゃする気持ちが増幅します。

「怒りは自分への毒である。怨《うら》みに報いるに怨みをもってしたならば、怨みはやむことはない。怨みを捨ててこそ怨みはやむ。これは永遠の真理である」

怒りにかられて同じ気持ちでやり返したら、怒りはおさまることはない。

怒りを捨ててこそ、平穏な関係を築けるとブッダはおっしゃっています。

そして、怒りに支配されないためには慈悲心を持てと、説いています。

生きとし生けるものを自分と同じように大切にしようと心がける。そんな心があれば、「彼も仕事のストレスで大変なんだ。イライラするのも無理はない」「彼女だって愚痴を言いたくなることはあるだろう」と、相手の苦労も思いやることができ、多少のことではケンカにならないのです。

ただ、そう心がけていても、ついケンカになってしまったら？

唯一の解決策は、その場で「原因探し」をしないことでしょう。

「原因探し」は、犯人探しと同じです。

「いつも私の話を聞いてくれない！」

「お前だって、やるやるって言ってやってないことがあるだろう！」

これを始めると、必ず、どちらが悪いのか決まるまで続きます。

ケンカの口火を切ったのが、どちらであるかにこだわってはいけません。あなたから終わらせることで、結局、あなたの心が落ち着くのです。

そして、頭が冷えて落ち着いたときに、ケンカの原因を「どう解消すればいいいか」を、冷静に話し合えばいいのです。

「こういうことを言われて傷ついた」

「ああいうときは、こうしてほしい」

自分の正直な気持ちをきちんと言葉にして伝えることは、大切なコミュニケーションの一つです。

素直に相手に話すことでわかり合えることもあり、それにつれて夫婦のルールがつくられていき、かけがえのない関係が築かれていきます。

関係改善のために思いつくことは、お互いに何でも試していきましょう。

そうした努力が、夫婦関係をはじめ、よりよい人間関係を築くのに欠かせないのです。

相手を責めずに、解決策を探すことに集中。

愛する人を亡くした悲しみを癒し、早く明るく立ち直るには？

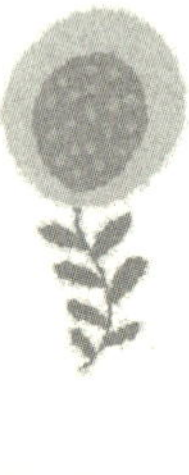

「ある日突然、夫に先立たれた妻の、心の立ち直りについて」

慶應大学の医学博士、小《お》此木《このぎ》啓吾《けいご》教授が、アメリカの医師と共同で調査した研究に、とても興味深いものがあるので紹介しましょう。

博士らは、交通事故などで、夫に突然死なれた妻たち、数十人のメンタルの変化を、日本とアメリカで比較調査しました。

すると、アメリカの女性は心に重いダメージを受け、ヒステリックや鬱《うつ》になり、薬に頼る傾向が強かったのに対し、日本の女性のほうはそんな傾向もなく、圧倒的にスムーズに立ち直っていたそうです。

なぜでしょうか？

その理由は、「仏壇《ぶつだん》」と「位牌《いはい》」にあったというのです。

位牌に向かって毎日、お線香をあげ、手を合わせ、「あなた、今日はこんなことがあったのよ」などと語りかけるうちに、妻の悲しみの感情は発散され、吸収され、〝夫はもうこの世にいない、亡くなったのだ〟という現実を、スムーズに受け止められるようになるのだそうです。

日本人には、〝位牌は人が亡くなった事実を形として現したものであり、「拠り所」、すなわち、霊が寄るものだ〟という意識が根づいています。

誰に教えられるでもなく、位牌を故人と思って大切にする心を持っているのが、日本人です。

東日本大震災で、津波が迫ってきたとき、家にいた人々の多くがとっさに持って逃げようとしたものは、印鑑でも通帳でもなく、位牌だったそうです。

日常生活の一部に、位牌と向き合う時間があるからこそ、「亡くなった人」

とも、つながりを感じられ、心を落ち着かせることができるのです。

愛する人を亡くしたら、毎日、ほんの一分でいいので位牌に手を合わせる習慣を持つとよいと思います。

また、意識してやっていただきたいのは、定期的に人と会う場所を見つけ、外出することです。

お寺に遊びにいって、講話を聞くだけでもいい。

趣味の集まりでもいい。

人と会い、新たな人間関係を育むことで思考もリセットされて前向きになり、新たな幸せを育んでいくことができるのです。

位牌に向かって手を合わせ、
定期的に人と会う場所を見つけましょう。

お年寄りを大事にする家や国は、栄える。その理由は？

遠い昔、棄《き》老国《ろうこく》という、老人を棄《す》てる国がありました。その国の人々は、誰しも老人になると、遠い野山に棄てられるのが国の掟《おきて》でした。

しかし、その国の王に仕える大臣は、たとえ国の掟とはいえ、年老いた父を棄てることができず、奥の部屋の床下を深く掘り下げ、地下室をつくり、そこに老父を隠して孝養《こうよう》を尽くしていました。

あるとき、この国に一大事が起きました。神が現れて、王に向かって難問をぶつけたのです。

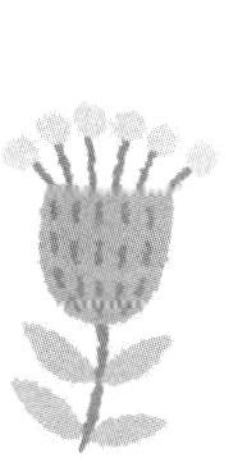

「王よ、お前の国が残るに値するか試してやろう！

ここに二匹の蛇がいる。もしこの蛇の雌雄が見分けられれば、この国は安全だ。もしできないなら、この国は、七日後に滅ぼされるであろう」

王はもとより、宮殿にいる誰一人として、蛇の雄雌を見分けられる者は、いませんでした。王はついに、「蛇の雌雄の見分け方を知っている者には、厚く賞を与えよう」と、国中におふれを出しました。

孝行者の大臣も途方に暮れて家に帰りました。そして、密かに父にたずねると、父は、あっさりと教えてくれたのです。

「それは簡単なことだ。柔らかい敷物の上に、その二匹の蛇をおくがよい。そのとき、騒がしく動くのが雄であり、動かないのが雌である」

大臣は、父の教えのとおり王に伝え、それによって無事、蛇の雄雌を見分けることができ、国は助かったのです。

ところが神は、さらに次々と難しい問題を出してきました。そしてどの問題に対しても、王や家臣、国民たちは答えることができません。

またもや大臣が密かに老父に教えを乞うと、老父は、次々と答えを授けてくれました。大臣はそれを王に伝え、王は神に伝えました。

見事、数多くの難問に答えることができた王に神はたいそう満足し、たくさんの財宝を与えて約束しました。

「今後は、お前の国をいかなる敵からも守ってやろう」

安堵《あんど》した王は、大臣にたずねました。

「あの答えは、お前が考えたものか？　正直に言うてみよ」

大臣は、地下室にかくまっていた父親がこの知恵を授けてくれたことを王に明かしました。

王は、老人のお陰で国が救われたことを深く感謝しました。

そして、「老人の知恵は、財宝や武力よりも功績が大きかった。今までの、この国の掟は、間違っていた。これからは年寄りを棄ててはならぬ。孝養を尽くすよう努めなければならない」と、法を改め、大臣の父を厚くもてなしたのです。

年老いた人は、様々な経験と知恵を蓄えています。

ところが、最近では、家族や知人が亡くなり一人とり残されて、「自分の生きる意味や価値」を見失う高齢者が多くいます。

年老いた人たちにも、人の役に立つ場と生きがいを与え、お互いに支え合いながら暮らしていくことが必要です。

神も老人の知恵の大切さに気づかせるために、次々と難問を出してきたのでしょう。

老人を大切にする心のある国は、繁栄するということです。

❁年長者を大切にしましょう。

「子どもがいじめに遭《あ》っています。親はどうすべきですか？」

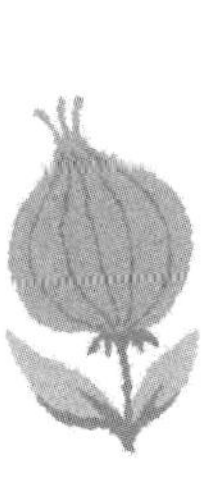

私たちには、それぞれに得手不得手があります。

子どもも、「カズくんは、僕より走るのが遅い」「ミキちゃんは、算数の点がいつも悪い」など、自分ができることをできない子がいると、バカにすることがあります。**そういう間違ったことを正していくのが、親の努めです。**

ブッダは、**「正見《しょうけん》」**が大事だと説きました。

これは、**「偏見を捨てて、物事を正しく見なさい」**という教えです。

誰もがこの世で唯一無二の存在なのだから、人と比べる必要がないことを頭において、それぞれの素晴らしさを見つめようという意味です。

こうしたことをもっと多くの人が学んで理解するようになれば、いじめもなくなるはずですが、今現在、お子さんがいじめに遭っている場合、そんな悠長なことも言っていられません。

自分の子がいじめられていると知ったら、どうするべきか？

カッとなって、「うちの子をいじめるとは何事ですか！」と相手の親に訴えにいっても、相手の言い分と対立するばかりです。

いじめがひどいものでなければ、十戒にある**「不説過戒《ふせつかかい》」（他人の過ちを非難して責めない）**と、**「不瞋恚戒《ふしんいかい》」（怒りにまかせて我を忘れないこと）**を心がけてください。

ただし、いくら子どもでも暴力は犯罪です。命を守るためにも、ケガをさせられたら診断書をとり、躊躇《ちゅうちょ》せずに学校に知らせて警察にいってください。

基本的には、「子どもがいじめられている」とわかったら、落ち着いて、まずお子さんの話をよく聞いてやり、「それは、嫌な思いをしたね。辛かったでしょう」と共感してやってください。

それだけでも、子どもの心の重荷は半分に軽くなります。

共感してやり、子どもと信頼を築いたら、親は「何があっても、味方である」、そして「何かあったら、必ず守ってやる」と伝えれば、お子さんも安心するはずです。周囲のすべての友人から冷たくあしらわれても、母親さえ味方であれば、子どもは大丈夫です。

そのうえで、「しばらく様子を見たい」のか、「担任の先生に相談したい」のか、お子さん自身がどうしたいかを確認します。子どもの意思を尊重し、納得いくやり方で解決をサポートしてやることです。

もし、担任の先生に相談したいと言うなら、一緒にいって相談しましょう。

その際は、決して先生を責めず、共に解決する仲間として話してください。

子どもの話をじっくり聞いて、味方になってやりましょう。

「親と仲よく、和やかに話すには？
ついイライラして怒鳴ってしまいます」

親が年をとってくると、耳が遠くなったり、物忘れが多くなったりするせいで、何度も同じ話を繰り返さないといけなくて、ついイライラして声を荒らげてしまうことがあるでしょう。

実は、そうした軽いイライラした気持ちは、ほんの十数秒こらえれば、静まっていくものです。

ですから、「あっ、今、自分はイライラしている」と気づいたら、「イライラするのをやめる！」と心の中で言い切り、大きく深呼吸をしながら、ゆっくりと一から一〇まで数えます。

これだけで、少なくとも感情まかせに大声を出すことを避けられます。

親子の場合、お互いに素直になれないから、ケンカという形でコミュニケーションしている場合が多々あります。

ですが、どんなに憎まれ口を叩いていても、本心ではお互いに仲よくしたいと思っている——それが親子というものです。

本当は、親と仲よくしたい……。子どもと仲よくしたい……。

あなたの心の底に少しでもこんな思いがあるなら、それをそのまま言葉にしてしっかり相手に伝えることです。

どうしても面と向かって「仲よくしたい」と言いづらいのであれば、感謝の気持ちを伝えるのもいいでしょう。

友人や同僚には、「ありがとう」と素直に言えるのに、一番身近な親や子どもには、まるで言えていない人は意外といるものです。相手の誕生日や記念日に電話をするのもいいでしょう。

私は、秩父幼稚園、秩父保育園で働くことになった新人さんたちには、最初のお給料で親に何かをしてあげること、そしてそのときに必ず感謝の言葉を添えることを勧めています。

それを実際にやってみたら、これまで親とろくに口も利かなかったのに、「やさしい子に育ってくれてありがとう」と言われて涙が出た、という人がいました。

また、感動した親御さんたちから「素晴らしいことを提案してくれてありがとう」とお礼を言われたこともあります。

思いやりのあるやさしい言葉を話すと、相手の心に安らぎを与えることができます。これを仏教では**「言辞施《ごんじせ》」**といい、徳を積む善行だと説いています。

言葉で言えない人は、贈りなさい

素直にお礼も言いにくい人は、贈り物をすることから始めるのもいい方法です。言葉で示せないのなら、行動で示すのです。

ブッダが入滅する間際まで側にいた弟子のアーナンダは、あるとき、「宇宙に果てがないことと同じくらい大きな父母の恩に報いるには、どうしたらいいでしょうか？」とブッダにたずねました。

ブッダの答えは、こうでした。

「季節の果物があったら、それを父母に贈りなさい。また、父母が病気になったら、しっかり看病しなさい。代わりの人にまかせてはいけません」

意外にも、どちらも誰にでもできる、ちょっとした気遣いですね。

そして、実はこれらは、**あなたが親からしてもらったこと**でもあります。

映画や買物、旅行に連れていってあげる、ご飯をつくってあげる、好物を買ってあげる……、あなたがこれまで親にしてもらったことは何でしょう？

思い出して、ぜひお返ししてあげてください。

仲よくしたい気持ちを、きちんと伝えましょう。

親孝行で、一番大事なこと

「やさしい言葉をかける」「家事を手伝う」「好物を買ってあげる」などは親孝行なことですが、最も重要な親孝行とは何かについても、ブッダは教えてくれています。

それは、**親から授かった命、親が育ててくれた命を、精いっぱい生きる**ということです。

あなたが独り立ちできるようになるまでの間、親は一さじ一さじご飯を食べさせ、毎日何度もおむつを替え、お風呂に入れ、布団をかけ、寝かしつけてくれました。大きくなればなったで、一人前にするための学費や食費、ときには流行の服や遊び道具を買ってやりたいと、働いてきたのです。

その間には、親にだって熱が出て具合が悪い日や、上司に叱られて落ち込んだ日だってあったでしょう。大変なときも、無償の愛情を注いで育ててくれたのです。

そんな尊い親に報いるには、やはり一生懸命、その命を精いっぱいに輝かせて、生きることが大切なのです。

「命を精いっぱい輝かせて生きる」とは、もっと幸せになろうとする姿勢です。

知足の心（83ページ参照）で、すでに得ているものに感謝しながらも、もっと自分なりの幸せに向けて、そして他者の幸せの実現に向けて精進することです。

病気や事故で意図せず短命になることは仕方のないことであり、親不孝ではありません。

そうではなく、自分の命をないがしろにすること、すなわち、**健康をないがしろにして怠惰な生活をしたり、幸せになる努力を怠ったり、自ら命を絶った**

りすることが、親不孝なのです。

ですから、栄養のある食事を心がけ、しっかり睡眠をとって体を休め、適度な運動をして自己管理することは、立派な親孝行です。

誰の命の時間も、限られています。

その間を精いっぱい、幸せになろうと努めること。

また、仏教では、先祖から受け継いだ叡智《えいち》や財産を、さらに次の世代に伝えていくことを大切にしています。

伝える相手は、我が子に限ってはいけません。

多くの人の手本として影響を及ぼし、一生懸命に生きる人を増やしていくこともまた、親孝行の一つの形です。

❀与えられた命を精いっぱい生きる。

「親が私の進路に口出しします。親の言うことを聞くべきですか？」

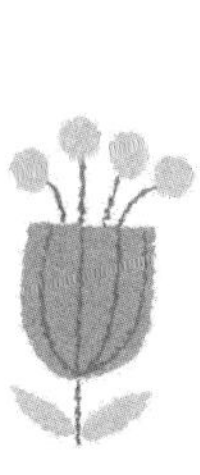

「親から『家業を継げ』と言われていますが、自分には、ほかにやりたい仕事があるのです。どうしたらいいでしょう？」

私は子どもの頃から、まさにこの相談者と同じ悩みを抱えていました。

生まれたときから、お寺と幼稚園を継ぐと決められている。

「そんな人生は自分のものじゃない！　いつかは自分のやりたいことをやるんだ！」と考えていた時期も長くあり、学生時代は、「もう今しか好きなことはできない」と半分あきらめていたせいか、ジャズバンドのクラブに入ったり、映画制作クラブに入ったり、徹底的にやりたいことをやっていました。

ところがあるとき、「そうじゃないんだ」と気づいたのです。

家業であろうと自分で選んだ仕事であろうと、仕事の種類は人生の目的にはなりません。

僧侶だろうが映画監督だろうが、何をやるかではなく、〝どうやるか〟、それがもっとずっと大事なのです。

それなのに、生まれた環境や仕事内容を言い訳にして、**「どう仕事にとり組むか」**について、真剣に向き合うことから逃げていた自分に気づいたとき、恥ずかしくなりました。

たとえば、レストラン経営でも、ただノルマをこなすために仕方なくやるのと、お客様に元気と健康を届けようととり組むのでは、料理の質にもメニューにも、食べた人の体にも、雲泥《うんでい》の差が出るはずです。

「どうせやるなら、自分が本当に納得できるよう、とことんやってみよう」

そんな姿勢に変わってから、気持ちがスッと楽になり、お寺や幼稚園の経営も楽しくてたまらなくなっていきました。

しかも、私が受け継いだのは、お寺と幼稚園だけでしたが、「自分なりに、仕事にどうとり組むか？　どう発展させていくか？　どうすればもっと多くの人に喜んでもらえるか？」と考えるようになったら、「保育園もやろう」「障がいのある子も受け入れよう」と、どんどんアイデアが湧いてきたのです。

こうなると、家業を継いではいるけれど、与えられた仕事だけをやっているわけではありません。

「やりたいことをやっている」に、ほかなりません。

「親に押しつけられている」と思うから、反発したくなってしまうのでしょう。

たとえ親の仕事を継ぐ場合でも、それはあなたに与えられた一つのチャンスです。

その仕事に真っ向からとり組み、仕事を「どうやるか」の部分が、自分らしさを最も発揮できるところなのです。

ブッダは、弟子を連れて歩いていたあるとき、突然立ち止まり、目の前の荒れ地を指さして「ここにお寺を建てよう」とおっしゃいました。

いきなりのことに弟子たちが戸惑っていると、そこに帝釈天《たいしゃくてん》が現れ、地面に生えていた草をチョイチョイと結んで、「はい！　お寺ができました」と言ったのです。

ブッダはその様子を見て、にっこり微笑みました。

この話は、どんな荒れ地でも、どんな仕事でも、修行の場にできることを教えています。

仕事の種類より、どうやるかが大切。あなたはどうとり組んでいますか？

余命宣告について。大切な人に、伝えますか？

ある村に住むゴータミーという女性に、女の赤ちゃんが生まれました。

ゴータミーは娘をたいそう可愛がっていたのですが、娘は重い病気にかかり、ゴータミーの懸命の看病のかいもなく死んでしまいます。

ゴータミーは気も狂わんばかりに泣き叫び、娘の亡骸《なきがら》を胸に抱えて、「この子を生き返らせる薬はないか」と村々をさまよい歩きました。

しかし、そんな薬を知っている者は、どこにもいません。

悲しみに打ちひしがれていたゴータミーを哀れに思ったある賢者は、彼女にブッダを訪ねるよう、アドバイスしました。

ブッダのもとにたどり着いたゴータミーは、一部始終を説明し、娘を生き返

らせる薬はどこにいけば手に入るのかと、たずねました。

ブッダは、「あなたの子どもを生き返らせる薬は、白い芥子《けし》の実のことです。その芥子の実を口にふくませたら、きっと息を吹き返すでしょう。ただし、その芥子の実は、一族で誰も死者が出たことのない家からもらわなければなりません」とおっしゃったのでした。

ゴータミーは、さっそく村中の家を一軒一軒訪ね回り、誰も死んだ者のいない一族を捜します。ところが、何百軒回ってもそんな家はありません。疲れ果てたゴータミーは、再びブッダのもとにいき、「おっしゃるような家は一軒もありません」と訴えました。

するとブッダは、慈悲深く諭したのです。

「そうであろう。生まれた者は、いずれ死ぬ。その道理に逆らえる者は、誰一人としていないのだよ」

自分をはじめ、どんな人でも、いつかは命が尽きる。

わかっているはずだけれど、普段はあまり考えない。

そして限りある命の時間を、大切に使うことを忘れてしまいがちです。

もしも、病気などで余命がわかった場合、「死は、誰にでも必ずやってくる」という道理が受け止められる人であれば、私は本人に事実を告げるべきだと思います。

事故などで突然の死を迎えるのとは違い、余命がわかる病気の場合は、残された自分の時間を知ることで、これまでやりたくてもできずにいたことや、やり残していたことをして、有意義に時間を使えるはずだからです。

誰にとっても病気になるのは辛いことです。

でも、そのお陰で、健康のありがたさや家族の大切さなどに気づくことができます。

またブッダは、『ダンマパダ（法句経《ほっくぎょう》）』で、こうおっしゃっています。

「人間が生きているということは、結局、何かを求めていることにほかならない。しかし、この〝求める〟にも、誤ったものを求めることと、正しいものを求めることの二つがある。

〝誤ったもの〟とは、自分が老いと病と死を免《まぬか》れない者でありながら、老いないこと、病まないこと、死なないことを求めることである。

〝正しいもの〟とは、この誤りを知り、老いと病と死という、人間の苦悩のすべてを離れた境地を求めることである」

「すべての人は、死ぬ」という現実を受け入れることで、ブッダの言う「正しいもの」を求めることができるのです。

❀ 残された時間を有意義に使ってもらうためにも、知らせるべき。

7章

大きな笑顔が咲きました！

~人生なんてカンタンに変わる

一日をパワフルに送るための小さな習慣——私の場合

朝、ギリギリの時間に目覚まし時計で起きて、朝食も身支度もそこそこに、慌てて家を飛び出していく。一日の始まりがそんな調子では、心に余裕もなくて、何か忘れたりミスをしたりするでしょうし、そのあともずっと、時間に追われてバタバタと過ごすことになってしまうものです。そうなれば夢や自分の将来のことを考えて、実りあることをするどころではなくなってしまいます。

よりよい毎日にするために大切なのは、朝の使い方です。

皆さんもよく知っている、「早起きは三文の徳」の「徳」は、仏教でいう、よい行ないのことです。

早く起きれば「三文」の徳が積める、そしてその徳は、自分にとってよいことととなって返ってきます。

毎日、一定の時間に起きるようにしてみましょう。

お寺の住職になるために修行するお寺を、大本山といいます。

そこでは、朝四時に起きると、係の者が大きな鈴を持ってお寺の中を駆け巡ります。その係は、「晨朝《しんちょう》覚悟《かくご》、当願衆生《とうがんしゅじょう》、一切知《いっさいち》覚《かく》、不《ふ》捨十方《しゃじっぽう》」という言葉を唱えてから走り始めます。

これは、**「一刻たりとも無駄にしない覚悟と共に、目を覚ましましょう」**という意味です。

今の私は、その日一日をパワフルに充実させるために、毎朝、決まった時間に起きたあとにまず、「今日も無事、一日が始まった」と考え、正座して自分自身に「よろしくお願いします」と挨拶します。

それから鏡に映る自分の姿に向かって目を見て「おはようございます！」と挨拶し、「今日も昨日より成長します」と宣言するのです。

次に、観音様に挨拶をします。静かな時間を持ち、呼吸を整えます。

六時にはお寺の鐘が鳴ります。これは弟子が心を込めて撞《つ》いています。

私は、この時間を使い、ブッダの言葉や禅の言葉、先哲の言葉を探してまとめ、学びを深めます。

その後、その日の予定を思い浮かべ、やるべきことを考えたりすると六時半くらいになり、メールマガジンの配信を終えて外にいき、幼稚園のカギを開けると、朝の準備が完了です。

こんなふうに、ちょっとだけ早起きして、「これを行なうと、その日がいい日になる」と思えることを実践すれば、本当にその日はよい一日に変わります。

よい朝のための、よい夜の過ごし方

また、よい朝の時間を過ごすためには、夜の使い方も大切です。

その日にあった嫌なことや、言われたことなどを、いったん忘れてリセットする。

「もし、こうなったらどうしよう」「ああなったら大変だ」などと、妄想をふくらませないことが重要です。

あなたが考えるような「最悪の事態」はまず起こりません。

余計な不安や悩みを抱えて、翌日に持ち越さない。

シンプルなことですが、夜にこれを心がけてスッキリと気持ちのよい朝を迎えることができたら、あなたの一日一日が、ひいては人生全般が豊かで実りのあるものに変わっていくのです。


朝の時間の使い方を工夫しましょう。

「運命」の秘密

昔、ハーリティという女の鬼がいました。

ハーリティは凶暴で、人の子をさらっては殺す悪行を重ねていました。

人々は恐れおののき、ブッダに懇願しました。

「ブッダよ。子どもたちがいつハーリティにさらわれるか不安で、外で遊ばせることもままなりません。何とかお智慧をお授けください」


ブッダは、人々の訴えを聞き入れ、ハーリティが最も可愛がっていた、末っ子のピンガラという名の子を、ハーリティのいない隙にとり上げてしまったのでした。

家に戻ったハーリティは、ピンガラがいないことに気づきます。必死の形相で七日の間、泣き叫びながら捜し回りましたが、ピンガラは見つかりませんでした。

ハーリティは、ブッダの高名なうわさを聞き、ブッダにピンガラの居場所を聞いてみることにしました。

目の前にたたずむハーリティに、ブッダはおっしゃいました。

「ハーリティよ、たくさん子どもがいるお前でも、ただ一人がいなくなっただけで、狂おしいほど悲しい思いをするのです。

それなのに、たった一人授かった子をお前に奪われた親の悲しみは、どれほど深いことか。

子をさらわれた親の苦しみがわかりましたか？

さあ、ハーリティよ、もしお前が私の教えを守り、今後、子どもをさらうことをやめ、子どもたちの安全を守ると誓うなら、ピンガラを返してやろう」

「ブッダよ、ピンガラが戻ってくるなら、今後、決して子どもたちをさらうことはしません。これまでの悪行を深く反省します。ブッダの教えも守り、善行を重ねて生きていきます。どうか、どうかピンガラをお返しください」

ブッダは、ハーリティの誓いを信じ、ピンガラを返しました。

こうしてハーリティはブッダの弟子となり、ブッダの教えを学び、子どもたちを守る役目を生涯全うしたのです。

このハーリティの話は、日本に伝わると、鬼子母神《きしもじん》と呼ばれるようになりました。現代でも、子どもを守るご本尊として信仰を集めています。

子どもをさらい続けていたら、ハーリティは悪のままです。ですが、**改心して、子どもを守る役目を果たしたからこそ、鬼から神になるという善の果を得ることができた**のです。

多くの人は、「何かよいこと」「望んでいるチャンスを与えてくれる運命の出来事」は、向こうから突然やってくるように思っています。

ですが、運命が決まっていないのなら、自分の未来は自分でつくり上げていかなければなりません。

「何かよいこと」は、起こるのをじっと待つのではなく、日々の精進を積み重ねて行動することで、自分で生み出すものなのです。

運命について。三つの誤った考え方

この項の最後に、ブッダの運命についての考えを記しておきましょう。

「世の中には、誤った見方が三つある。

この三つの誤った見方にしたがうと、この世の中のすべてが否定されてしまい、世の中が成り立たなくなってしまう。

一つ目は、この世で起こることは、すべて運命によって決まるという見方。

二つ目は、運命は人の力が及ばず、神の力によるという見方である。

三つ目は、すべてのことは、因縁によらないという見方である。もしすべてが、運命によって決まるのならば、よいことも悪いことも、幸も不幸も、皆、運命によって決まることになる。

そうなると、『今の生活をよりよく変えたい、幸福になりたい』という気持ちを持てなくなってしまう。精進し努力することができなくなってしまう」

運命など、決まっていないというのが、ブッダの教えです。

私たちには、未来をつくる力があります。

そしてどうすれば夢を叶え、幸せになるのかという、未来を切り開いていく方法を教えるのがブッダの教えなのです。

たとえ過去に悪行を重ねていたとしても、「因」と「縁」の法則に気づき、悪を善に改め、善行を積めば、善い果を招くことができるのです。

今起こす「因」により、未来の「果」を変えていけます。

自分次第で、鬼から、神になることもできる。

「何をしたら、劇的に運がよくなるでしょう？」

ブッダは、「因果《いんが》応報《おうほう》」、すべての結果には、必ず原因があるとおっしゃっています。

これは、**原因を変えれば結果も変わる、すなわち、運が悪いと感じる原因をとり除けば、あなたの人生も運がよくなる**ということです。

昔、ガンダーラに、カンナという名の貧しい絵描きの男がいました。

カンナの絵はちっとも売れず、妻と子と一緒に、その日の暮らしがやっとのありさま。そこでカンナは、妻と子をおいて弟子を探していた絵の師匠のもとに出稼ぎにいくことにしました。

彼は三年間、一生懸命働き、少しばかりの貯金をつくりました。

「これでしばらくは、安心して暮らせる」と荷物をまとめ、故郷に向かいました。

家に帰る途中、彼はにぎやかな街に差しかかります。街は盛大なお祭りの最中で、それは五年に一度開かれる、修行を積んだお坊さんたちに供え物をして、供養するためのものでした。

たくさんのお坊さんたちが集まり、大いににぎわっています。カンナは、その光景を見ながら、なぜ自分がこんなに貧しいままなのかを考えました。

そして、〝このまま故郷に帰っても、貯金を使い切れば、またもとの貧乏に戻るだけだ。**いつまでたってもうまくいかないのは、これまで自分が何一つ善行をしてこなかったからに違いない**〟と、思いいたりました。

そこでカンナは、世話役のお坊さんに、「もし、この集会を一日開くとしたら、どれほどのお金が必要でしょうか？」とたずねました。

三〇ルピーかかるということでした。

カンナはドキドキし始めました。

私は今、三年間かけて貯めた三〇ルピーを持っている。そして、こんな功徳を積む機会は、もう二度とないかもしれない……。

心を決めたカンナは、「お坊さん！　どうか私に集会の施主をさせてくださ い。功徳を積ませてください！」と願い出たのです。

そしてお坊さんたちを集め、食事を振る舞い、供養をしました。

カンナは、善行を積めたことに満足し、幸せな気分で家族の待つ家に帰りました。

出迎えた妻は、大喜びで「どんなご馳走を食べたい？」と聞いてきます。

「すまない、稼いだお金はすべてお坊さんに捧《ささ》げてしまったんだ」

彼が正直に話すと、三年間待っていた妻は、驚き呆《あき》れ、「なんてことでしょう！　村長さんに裁いてもらうわ！」と、カンナを訴えてしまいました。

裁きの日、村の長《おさ》は、「なぜ、そんなことをしたのか？　お前の帰りを頼りに、三年も頑張った妻の気持ちがわかりますか」と、カンナに問いました。

うつむいていたカンナは、ゆっくり口を開きます。

「村長様。私は、今まで一生懸命働いてきましたが、家族以外の人々が幸せになるような善行を積んだことがありません。だから、妻や子どもに貧しい思いをさせているのです。

でも、旅先でお坊さんの集会を見たとき、とてもありがたく、心洗われる思いがしました。何とかここで功徳を積ませてもらいたいと思い、施主として集会を開きました。お金はすべてそれに使ってしまいましたが、とてもよいことをしたと思っています」

「なんと、そうであったか！　それはよいことをした！」

村長も、側でその様子を聞いていた人々も心を打たれました。

その後、カンナの善行の評判を聞いた近所の人たちから、絵を描く仕事が次々と舞い込み、彼は貧しい暮らしから脱け出すことができたのです。

「原因」を変えることで、運はいくらでも上向きに変わるのです。

カンナは、自分や自分の家族の幸せだけを考えていた心を改め、他者の幸せを考えるように変えました。

南泉流、開運のコツ

「運が悪い」人を見ていて私が感じるのは、**決断を人まかせにして、流されていることが多い**ことです。

そしてまた、何かよくないことが起きると、「やっぱり自分は運が悪い」と運や運命のせいにして努力をしていません。だから、ますます状況が悪くなってしまうのでしょう。

「苦手な部署に異動になったから実力が発揮できない」のではなく、自分は、そこで何ができるか考える。

また、もし、共に歩む仲間が欲しいのであれば、「誰も自分のことをわかってくれない」と相手のせいにするのではなく、自分から自分の考えを伝え、相手を理解しようとしてみる。

そう考え方を切り替えるのが、開運のコツでしょう。

また、「運をよくする」ためには、ダメだと思ったときに踏みとどまる勇気を持つことも必要です。

私の体験から言うと、自分で「三年後までにこれを実現させる」と目標を定めていても、心が「今は、調子悪いからやめたほうがいい」と言っていたら、そちらにしたがったほうが、よい結果が得られます。

❊運が悪いと思う原因を、とり除きましょう。

「究極のゴール〝悟り〟とは、いったい何ですか？」

世俗を離れて仏門に入った出家者にとっては、**「悟り」を開くこと**が、唯一にして最大の目的です。

しかし、一般的な生活を送りながら仏道に帰依《きえ》する在家の人にとっての**ゴールは、「幸せになること」**だとブッダはおっしゃっています。

「悟りを開くこと」と「幸せになること」、この二つは決して相反するものではありません。最終的には二つは同じところでつながっています。

出家者が悟りを開くのは、この世の人すべてが幸せになるよう尽くすためだからです。

また、在家の人も、自分だけでなく、すべての人と共に幸せになることが、最終的なゴールだからです。

昔、スダッタという長者がおりました。でも、長者とは名ばかりで、内情は厳しく、妻と慎《つつ》ましく暮らしていました。

ある日も、一日分の食べものをやっと確保して、スダッタが外出先から戻ったら食事をしようと、スダッタの妻は準備をしていました。

家の外では、お坊さんが托鉢する声が聞こえてきました。

スダッタの妻は、熱心なブッダの信者であったため、すぐに外に出てみました。すると、ブッダの弟子の中でも最も優れた、アニルッダが托鉢していたのです。妻は、アニルッダに礼拝し、炊きたてのご飯をお鉢いっぱいに盛ってあげました。

続いて、マハーカッサパ、シャーリプトラなど、名だたるブッダの弟子たちが托鉢にきました。妻は、どの方にも恭《うやうや》しく礼拝し、ご飯を供養したのです。

しばらくすると、なんと今度は、ブッダ本人が托鉢しにきたではありませんか。妻は、たいそう喜んでご飯を差し上げました。

するとその夫婦のためのご飯が、一粒もなくなってしまいました。

スダッタが戻り、妻が事情を話すと、彼も熱心な仏教信者であったため、その来訪に驚き喜びました。そして、自分の食べるものがないことも忘れて言いました。

「妻よ。それは、それはよいことをしてくれた。この功徳で皆が幸せになるに違いない」

ブッダは、スダッタ長者夫婦の〝自分を捨てて皆の幸せを願う心〟に感じ入りました。その功徳が、近所の人に知れ渡り、スダッタ長者のもとに、たくさんの食べものが集まるようになったのです。

スダッタ夫妻は他人の幸せのために行動したため、本当の長者となり、幸せになりました。

先日、私のお寺で縁日がありました。

毎年、縁日の前には、お寺で販売するお菓子を準備します。袋に詰《つ》めて、ラベルを貼る作業が発生します。

毎年のことですから、だんだん飽きてくるのですが、あるとき、「これが届いた人たちは、どんなに喜んでくれるかな?」と思ったら、作業がとっても楽しくなりました。**人の幸せを思ったら、本当に自分も幸せになったのです。**

自分のことより他人を優先するのは、なかなか難しいかもしれません。

でも、少しずつでも、世の中の人の、そして皆の幸せも考えられるようになると、あなた自身が、もっともっと幸せになれるのです。

悟りを開くのは、皆が幸せになるためなのです。

8章

賢く、幸せになりなさい

～「死」を意識するから、強く、太く生きられる

「死について。普段から心がけておくことはありますか？」

道元禅師の教えをまとめた『修証義《しゅしょうぎ》』というお経の最初に、「生をあきらめ、死をあきらむるは、仏家一大事の因縁なり」という言葉が出てきます。

これは、「**〝生きるとはどういうことか、死ぬとはどういうことか、その真実をあきらかにして見極めること〟が、仏教を学ぶ者として最も大切である。**つまり、人間は生き方を模索すると同時に、いつか必ず死を迎えるということも、しっかりと受け止めなければならない」という意味です。

私たちは、どう生きるかと同じくらい、どうやって死を迎えるのかについても、しっかり考えなければなりません。

そうはいっても、どうしても「死」から目を背けてしまいがちです。

でも、今、この瞬間も〝死に向かって〟生きていることを少しでも意識すれば、人生で何をすべきか、どういう言葉を使うべきかなどを真剣に考えるようになるでしょう。

スティーブ・ジョブズ、死について、かく語りき

元Apple社CEOの、故スティーブ・ジョブズ氏は、仏教の一宗派、曹洞宗《そうとう》の信者でした。彼は、こんな言葉を遺しています。

「死は、生命にとって、唯一にして最高の発明だ」

これは、死という生命の終わりがあるからこそ、命ある時間を無駄にせずにすむということです。

彼はまた、アメリカのスタンフォード大学の卒業生に贈るスピーチで、**「自分がいずれ死ぬことを覚えておくことは、人生において重要な決断をするとき**

に、一番役に立つ。なぜなら、恥や失敗に対する恐れ、プライドなどを捨て、**本当に大切なものだけを残すことができるからだ」**とも言っています。

死があるからこそ、私たちの生きている時間が充実するのです。

ブッダは、死についてこうおっしゃっています。

「信ずることによって仏と一体となり、我《が》という思いを離れているから、わがものを貪《むさぼ》らず、したがって生死に恐れがなく、そしられることもいとわない。仏の国に生まれることを信じているから死を恐れない」

ブッダの言葉を聞き、教えを信じ、戒を守り、行ないを正していけば、「我」、すなわち、私たちの存在そのものである、自分の肉体に対する執着から離れることができます。

すると、死は、恐れるべきことではなくなるということです。

死を思い、今を懸命に生きる。

自ら命を絶つことを、ブッダが固く禁じる理由

ブッダは、〝死は恐れるべきものではない〟とおっしゃってはいますが、自ら命を絶つことは、固く戒めています。

仏教では、**「肉体は、ブッダの教えを学び、実践し、伝えるためにある」**と考えています。ブッダの教えを学んで自分を大きく咲かせ、輝かせ、幸せになり、そしてまたその教えを後世に伝えていくことが、この世に生まれた者の役目であるとしています。

命を全うしなければ、ブッダの教えを受けて実践することも、また教えを広く伝えることもできません。ですから、肉体は大切に養わなければならず、自ら命を滅ぼすことはあってはならないと教えているのです。

道元禅師の教えが書かれた『正法眼蔵《しょうぼうげんぞう》　生死の巻』には、「もし人、生死のほかに仏をもとむれば、ながえを北にして越《えつ》に向かい、おもてを南にして北斗を見んとするがごとし。いよいよ生死の因をあつめて、さらに解脱《げだつ》の道を失なえり」とあります。

これは、「もし私たちが、生きていくことから逃れて、仏を捜そうとしたら、それは車の先を北に向けて、南の国に向かおうとしているようなもの、顔を南に向けて北を見ようとしているようなものだ。それでは、ますます苦しみの原因が集まり、悟りへの道や幸せから遠ざかってしまう」という意味です。

なぜ私たちは、この世に生まれてくるのか？

生きるとは、「苦（思いどおりにならないこと）」とブッダはおっしゃいました。**なぜ私たちが、そんなこの世に生まれてくるのかというと、苦を経験して、そこから何かを学ぶためです。**

そして、「苦」を明るく乗り越えて初めて、「苦」から離れ、心が安らぎ、幸せな世界にいけるということを、忘れないでください。

「ブッダの教えを厚く信じ、信じる心から退くことがなければ、心には、自然に喜びが湧き起こる。この境地にいたれば、どんなものにも光や喜びを見出《みいだ》していくことができる。

この境地にいたれば、その心は清く柔らかい。常に堪え忍ぶことができる。争いごとは好まず、まわりの人々を悩ませることもない」

このように『華厳経』にあるとおりです。

「苦」を乗り越えた先に幸せがあると知り、明るく前進してほしいのです。

「悟りの蓮《はす》は、泥沼にしか咲かない」というのは、これを指しているのです。

苦を経験してこそ、悟りを得られるのです。

あなたにも、生まれてきた意味と、やるべきことが必ずあります

「自分は、何をするために生まれてきたのか？」

一生懸命に生きていれば、ふとした場面でこう考えることがあるでしょう。

ブッダが出家されたのも「人生の目的の探求」が一つの理由でした。

ブッダは、**「欣求《ごんぐ》菩《ぼ》提《だい》、利《り》益《やく》衆生《しゅじょう》」**、すなわち、**「自分が何をするために生まれてきたのかを知り、それを全うすることを求め、さらに多くの人が悟りを得られるようブッダの教えを広めることが、私たちの人生の目的だ」**とおっしゃっています。

自分の人生の目的について、自分の内に問い、探し続け、見つかったら、それを実行すべく精進することが、人生そのものなのです。

私たちは全員、一人の例外もなく、生まれてきた意味と価値があり、やるべきことが必ずあります。

一〇年ほど前のあるとき、秩父幼稚園に就職を希望する女性から電話がありました。この女性は、幼稚園教諭の資格を持っていたにもかかわらず、事務職で応募したいということでした。

理由をたずねると、「子どもが大好きで、子どもにかかわる仕事をずっとしていきたいと思っていますが、前に勤めた私立幼稚園で先輩に厳しく叱られたことで、自信がないのです」とのことでした。

私は彼女の子どもに対する気持ちを感じ、事務員として雇うことにしました。

秩父幼稚園で働き始めたこの女性は、本当に子どもが好きな様子で、事務職にもかかわらず、子どもたち全員の名前をいち早く覚え、毎日、子どもたちと楽しそうに話しています。「自分は、子どもたちとかかわっていく」と決めているからでしょうか、たとえ、パソコンでデータ入力の仕事をしていても、幼稚園で働けるだけで、とても楽しそうでした。

そんな様子を数年間見守った私たちは、あるとき、「二歳児クラスの補佐として、保育にかかわってもらったらどうだろう」と考えました。

彼女は喜んで引き受けてくれ、積極的に保育に参加してくれました。まさに、秩父幼稚園の「認めて、ほめて、愛して、育てる」というスローガンを、体現しているようです。

さらに彼女は、夏休みを利用して訪れたハワイで、英語に目覚め、次は「子どもたちに英語を教える」という目標を見つけます。

「子どもたちとかかわる」という、やりたいことが常に頭にあったから、単なる観光旅行からも、新しい展開をひらめいたのだと思います。

「自分が何のために生まれてきたか、どう生きるのか」を求めながら生きていれば、何をしていてもあなたの人生は意味あるものに変化します。

何のために生きるのか？　それを問い続け、追い求めるのが人生。

ブッダ、最期の言葉

「どんなことでもいいから質問しなさい」

ブッダは、旅の途中で重い病にかかり、自分が亡くなることを予感したとき、弟子たちに向かって促しました。

しかし、突然、ブッダが今にも亡くなるかもしれないという切迫した状態におかれた弟子たちは、動揺し、声を発することができるものは誰もいません。

ブッダは、しばらくの間、質問が出ないことを確認したあと、最期におっしゃいました。

「怠ることなく精進し続けなさい」

ブッダのこの遺言は、「自分はどうして生まれてきたのか」、そして「皆が幸

せになるにはどうしたらいいか」を見つけるために日々考え続け、それを叶えるために真摯《しんし》にとり組み続けなさいという意味です。

この先あなたも、「自分が生きている意味はこれだ！」と思う答えを見つけ、悟りを得るかもしれません。

でも、それで終わりではありません。

人生の目的を見つけ、悟りを得たら、今度は、

「その目的を実現するために、できることは何か？」

「どうすれば悟りを広め、もっと皆を幸せにできるか？」

と追求し、生きる限り、それを実践し続ける——これが、ブッダのおっしゃる「精進」なのです。

この「理《ことわり》」を知っておけば、迷わない

精進するときに忘れてならないのが、**「諸行無常」**、そして**「諸法無我《しょほうむが》」**です。

「諸行無常」とは、**〝世の中のすべては移り変わり、永遠に変わらないものはない〟**という意味です。

この世のすべては「諸行無常」であるため、あなたがどれだけ精進していようと、愛する人との別れや大切なものの喪失といったことは起こります。悟りを得た人であろうと、そうした出来事を避けることはできません。

しかし、また逆に、「諸行無常」だからこそ、よりよくなる面もあります。精進する際にくじけないためにも、これを大切なことことして理解しておいてほしいのです。

次の**「諸法無我」**とは、**〝あらゆるものは影響を及ぼし合っている。因果関係によって成り立っている〟**という意味です。

私たちの持ち物や財産、そして命までも自分だけのものではなく、お互いにかかわり合って存在しています。

あなたの会社の製品を買う人がいるから、あなたの給料が支払われます。

蜜蜂《みつばち》が花粉を運んでくれるから植物の実がなり、鳥がそれを食べてさえずり、その歌声を私たちは楽しむことができるのです。

すべては、絶妙な連鎖とバランスの中で生かされている。

誰かが存在してくれているから、今のあなたがある。

ですから、自分だけでなく、社会全体を発展させよう、まわりを幸せにしようとすれば、巡り巡って、あなた自身の幸せにつながるのです。

この二つのことを忘れずに、ぜひ、精進し続けてください。

最期まで精進し続ける生き方をしよう。

死ぬときに後悔しないために、今やっておくべきこと

ブッダは、自身が亡くなる直前に、近くにいるすべての信者を集めました。

家族同然の信者たちと、お別れの挨拶ができずに、お互いに思い残すことがないようにしたわけです。そして長い時間を共に過ごした弟子たちとの時間をつくりました。

これを私たちに当てはめると、〝**世話になった人や家族には、伝えるべきことをしっかり伝えておくこと**〟が、死ぬときに後悔しない秘訣といえるでしょう。

それを、実感したことがあります。

秩父の慈眼寺に先祖のお墓があり、毎週末、お墓参りにいらっしゃるご夫婦

がいました。そのご主人は、いつも大声で奥さんに怒鳴っていました。心配になった私が奥さんに事情を聞くと、「何か理由があって争っているわけではないのですが、ガミガミ言われると怒られているような気がして、私もつい言い返してしまい、あまり心が休まらない」とのことでした。

そんなご夫婦でしたが、あるときからご主人が体調を崩し、ご夫婦揃《そろ》ってお墓参りに来ることができなくなりました。奥さんは懸命に看病していましたが、夫の病状はどんどん悪くなり、威勢のいい声も出せなくなってしまいます。

いつも声を荒らげていたご主人は痩せ細り、いよいよ自分の命が長くないとわかったのでしょう。あれほど怒鳴っていた妻を枕元に呼び寄せ、力を振りしぼり、たった一言、「ありがとう……」と言ったのだそうです。

それを聞いた奥さんの目から、堰《せき》を切ったように涙があふれ出ました。ご主人に対する思いが胸を詰まらせ、自分も「ありがとう」と伝えたいのに、言葉にならなかったそうです。奥さんはその夜、ご主人の手を握り、一晩中泣き明かしたそうです。

お葬式のあと、奥さんは毎日一人でお墓参りにいらしています。

そして、やさしい顔でお墓に向かって話しかけています。

「慈眼寺は、春になると桜がきれいだねぇ。ここは子どもたちのにぎやかな声がよく聞こえるから、お父さんも寂しくないわね、よかったわね」

その様子を見て、「本当は二人の仲はよかったんだな。**でもやはり、生きている間に感謝は伝えないといけないのだ**」と強く思いました。

すべての人が、自分の死期を知ることができるわけではありません。

突然の事故など、自分や相手に何があっても悔いのないよう、日頃から伝えるべきことは伝えておくのが、後悔をなくす一番のコツなのです。

親しい人には日頃から、素直な気持ちを伝えておく。

◎主な参考文献

『仏教聖典』（公益財団法人仏教伝道協会著　公益財団法人仏教伝道協会）
『大安心の書』（ひろさちや著　公益財団法人仏教伝道協会）
『正しいことば』（西村惠信著　公益財団法人仏教伝道協会）
『みちびき（教導）・地蔵菩薩』（木村清孝著　公益財団法人仏教伝道協会）
『布教に活かす仏教譬喩説話集』（青山社編集部編　青山社）
『修証義のことば』（小倉玄照著　誠信書房）
『すぐに役立つ新編禅林名句撰』（青山社編集部編　青山社）
『仏教説話大系』（仏教説話大系編集委員会著　中村元　増谷文雄監修　鈴木出版）
『禅語百話』（佐藤俊明著　講談社）
『釈迦の教えたかったこと』（ひろさちや著　鈴木出版）
『日本例話大全書』（有馬朗人　中西進　奈良康明　宮坂宥勝監修　四季社）
『禅門逸話集成』（禅文化研究所編著　禅文化研究所）
『仏教の質問箱』（ひろさちや原作　鈴木出版）

本書は、本文庫のために書き下ろされたものです。

自分《じぶん》を大《おお》きく咲《さ》かせる「ブッダ」の言葉《ことば》

著者　南泉和尚（なんせん・おしょう）
発行者　押鐘太陽
発行所　株式会社三笠書房
〒102-0072 東京都千代田区飯田橋3-3-1
電話　03-5226-5734（営業部）03-5226-5731（編集部）
http://www.mikasashobo.co.jp
印刷　誠宏印刷
製本　ナショナル製本

 ISBN978-4-8379-6743-9 C0130

王様文庫

王様文庫

「いいこと」がいっぱい起こる!
禅の言葉
どんな悩みも解決できる90の智慧

植西聰

「いいこと」がいっぱい起こる!
ブッダの言葉
どんな怒りも迷いもカラッと晴れた!

植西聰

スッキリ心を整える——。

◎「欲張らない」
——だから、愛され感謝され、福がくる!

◎他人《ひと》と「比べない」
——ほら、こんなに気が楽になる。
ストレスも焦りもスーッと消える!

◎「有頂天にならない」
——誰とでも〝いい関係〟がつくれる。幸運が続く!

お釈迦さまの教えは、こんなにシンプル!
毎日を楽しく生きるための、
最高の指南書!

ブッダの死後、ブッダの言葉を生で伝えたとされる最古の原始仏典『ダンマパダ〈真理の言葉〉』が、わかりやすい現代語に。数千年もの間、人々の心を照らしてきた〝言葉のパワー〟をあなたに!

K20042